経営学史学会編 〔第二十輯〕

経営学の貢献と反省
——二十一世紀を見据えて——

文眞堂

巻頭の言

経営学史学会第7期理事長　小笠原　英　司

　経営学史学会年報もついに20輯を揃えることになった。本年報は大会報告をリライトした論文集として編集され，1994年5月に第1輯を公刊して以来高い評価を得て今日に至っている。当学会の設立に係わり事務局を担当して第1輯の刊行に携わった一人として，感慨一入である。

　経営学史学会第20回全国大会は，創立20周年を記念して経営学史百年を総括する意味で，その統一論題を『経営学の貢献と反省―21世紀を見据えて―』とした。重要なことは，経営学徒を任ずる私たち自身が「経営学」の批判的考究を通じて自らの経営学的営為を自己省察する契機とすることにある。そして個々の経営学徒にとどまらず，組織としての「学会」も経営学の現状を反省すべき主体である。別けても経営学史学会が「経営学史」を省察することは，本年報第Ⅰ部「趣旨説明」にある通り，「21世紀経営学」への可能性を展望するという当学会に課せられた使命にとってむしろ不可避の課題と言わざるを得ない。第20回大会を機に，経営学百年を批判的に総括する討議を展開することは当学会の当然の責務であった。

　経営学史学会は1993年5月の創立大会に始まり，2002年5月の第10回記念大会，そして今次第20回記念大会と，三度の記念大会をすべて明治大学で開催してきた。周知の様に明治大学は，伝統の商学部のほかに60年前の1953年に私学筆頭の経営学部を設置したことで知られ，故佐々木吉郎博士のもとで大木秀男，醍醐作三，藤芳誠一，木元進一郎ほかの面々がドイツ，アメリカの経営学説を批判的に摂取して日本経営学の発展に貢献し，「経営学に明治あり」の名声を獲得して今日に引き継がれている。大会運営および事務局担当など，明治大学関係者各位の労を多としたい。

　最後ながら，20輯に及ぶ年報の出版を，採算を度外視して継続して頂いた㈱文眞堂に対し，謹んで感謝申し上げたい。同社の支援なくして，当学会の

今日は無かったと言っても過言ではない。経営学史学会と言わず，経営学の発展のために，今後ともご協力ご支援を賜わりたく，重ねてお願い申し上げたい。

目　次

巻頭の言……………………………………………小笠原　英　司… i

第Ⅰ部　趣旨説明……………………………………………………… 1

経営学の貢献と反省………………………第7期運営委員会… 3
　　――21世紀を見据えて――

第Ⅱ部　経営学の貢献と反省――21世紀を見据えて――……… 5

1　日本における経営学の貢献と反省………三　戸　　　公… 7
　　――21世紀を見据えて――

　　　Ⅰ．はじめに――統一論題の意味――……………………… 7
　　　Ⅱ．20世紀経営学の成立………………………………………… 7
　　　Ⅲ．大戦後の経営学…………………………………………… 10
　　　Ⅳ．21世紀，経営学の課題…………………………………… 15
　　　Ⅴ．むすび――経営学の反省――…………………………… 18

2　企業理論の発展と21世紀の経営学………勝　部　伸　夫… 20

　　　Ⅰ．はじめに…………………………………………………… 20
　　　Ⅱ．制度学派の企業理論……………………………………… 21
　　　Ⅲ．ドラッカーの企業理論…………………………………… 23
　　　Ⅳ．新制度学派の企業理論…………………………………… 25
　　　Ⅴ．20世紀の企業理論をどう評価するか…………………… 28
　　　Ⅵ．21世紀の企業理論に向けて……………………………… 32

3 企業の責任化の動向と文明社会の行方…岩　田　　　浩… 35

　　Ⅰ．序言——問題の所在と分析の視点—— ……………………… 35
　　Ⅱ．20世紀文明の開化と企業経営…………………………………… 36
　　　　——「企業と社会」研究への前哨——
　　Ⅲ．社会的責任論の展開……………………………………………… 39
　　　　——20世紀文明の光と影が交錯する中で——
　　Ⅳ．経営倫理学の展開と文明社会の転機…………………………… 42
　　　　——激動の20世紀末の中で——
　　Ⅴ．結言——文明社会の行方と企業経営のあり方—— …………… 45

4 産業経営論議の百年 ……………………… 宗　像　正　幸… 50
　　　——貢献，限界と課題——

　　Ⅰ．はじめに…………………………………………………………… 50
　　Ⅱ．大量生産体制形成期——テイラーとフォード——…………… 51
　　Ⅲ．大量生産体制普及期（第 2 次大戦後1970年代まで）………… 55
　　Ⅳ．大量生産体制変貌期（1970年代から世紀転換期）…………… 58
　　Ⅴ．結語——産業経営論議の意義・貢献，限界と経営学の課題——… 61

5 東京電力・福島第一原発事故と
　 経営学・経営史学の課題……………………… 橘　川　武　郎… 66

　　Ⅰ．はじめに…………………………………………………………… 66
　　Ⅱ．電力業界特有の構造……………………………………………… 66
　　Ⅲ．自由化部門と規制部門…………………………………………… 67
　　Ⅳ．競争しない電力会社……………………………………………… 68
　　Ⅴ．周波数の分断……………………………………………………… 69
　　Ⅵ．電力間連系設備の不足…………………………………………… 70
　　Ⅶ．連系強化を阻んだ事情…………………………………………… 70
　　Ⅷ．独占崩壊の序曲…………………………………………………… 71
　　Ⅸ．国民的期待を受けての原子力のスタート……………………… 72

Ⅹ．国論の分裂と電源三法……………………………………… 74
　　Ⅺ．国策による使用済み核燃料の処理…………………………… 75
　　Ⅻ．改革のための2つの提案……………………………………… 76
　　ⅩⅢ．原子力発電事業の分離・国営化……………………………… 77
　　ⅩⅣ．融通強化と全面自由化………………………………………… 80

　6　マネジメント思想における「個人と組織」の
　　　物語り……………………………………三　井　　　泉… 82
　　　──「個人と組織」の20世紀から「関係性」の21世紀へ──

　　Ⅰ．はじめに──前提としての「個人」と「組織」？─────── 82
　　Ⅱ．20世紀「組織社会」の価値規範と「組織人間」の登場……… 83
　　Ⅲ．20世紀マネジメント思想における「人間像」の変遷………… 84
　　Ⅳ．20世紀マネジメント思想における「人間像」の崩壊………… 89
　　Ⅴ．「関係性」思想への試み………………………………………… 90
　　Ⅵ．おわりに………………………………………………………… 95
　　　──「個人と組織」の20世紀から「関係性」の21世紀へ──

　7　経営学史における組織と時間……………村　田　晴　夫… 98
　　　──組織の発展と個人の満足──

　　Ⅰ．はじめに………………………………………………………… 98
　　Ⅱ．経営学の歴史と企業文明──貢献と反省──……………… 99
　　Ⅲ．組織の時間と文明の時間──21世紀を見据えて──……… 105
　　Ⅳ．むすび………………………………………………………… 109

第Ⅲ部　論　攷……………………………………………………… 113

　8　現代企業史とチャンドラー学説………澤　田　浩　二…115
　　　──その今日的意義と限界──

　　Ⅰ．はじめに………………………………………………………… 115
　　Ⅱ．チャンドラー学説の基本的特徴……………………………… 116

Ⅲ．チャンドラー学説の今日的評価 ………………………………… 118
　　Ⅳ．チャンドラー学説の今日的意義と限界 ……………………… 120
　　Ⅴ．おわりに ……………………………………………………………… 122

9　v. ヴェルダーの管理組織論 …………… 岡　本　丈　彦 … 126
　　　──組織理論的な観点と法的な観点からの考察──

　　Ⅰ．序 ………………………………………………………………………… 126
　　Ⅱ．v. ヴェルダーの概念規定 …………………………………………… 127
　　Ⅲ．企業管理とその担い手 …………………………………………… 129
　　Ⅳ．v. ヴェルダーの企業の管理組織 ………………………………… 131
　　Ⅴ．結 ………………………………………………………………………… 135

10　組織社会化研究の新展開 …………… 福　本　俊　樹 … 138
　　　──組織における自己の記述形式を巡って──

　　Ⅰ．はじめに ……………………………………………………………… 138
　　Ⅱ．組織社会化研究の記述形式 ……………………………………… 139
　　Ⅲ．組織社会化研究の新展開 ………………………………………… 142
　　Ⅳ．おわりに ……………………………………………………………… 147

第Ⅳ部　文　献 ……………………………………………………………… 151

　　1　日本における経営学の貢献と反省 ……………………………… 153
　　　　──21世紀を見据えて──
　　2　企業理論の発展と21世紀の経営学 ……………………………… 154
　　3　企業の責任化の動向と文明社会の行方 ……………………… 155
　　4　産業経営論議の百年──貢献，限界と課題── ……………… 156
　　5　東京電力・福島第一原発事故と経営学・経営史学の課題 …… 158
　　6　マネジメント思想における「個人と組織」の物語り ………… 158
　　　　──「個人と組織」の20世紀から「関係性」の21世紀へ──
　　7　経営学史における組織と時間 …………………………………… 160
　　　　──組織の発展と個人の満足──

第Ⅴ部　資　料……………………………………………………… 163

　　経営学史学会第20回記念全国大会
　　実行委員長挨拶 ………………………… 風　間　信　隆… 165
　　第20回記念全国大会を振り返って…………山　縣　正　幸… 167

第I部
趣旨説明

経営学の貢献と反省
―― 21世紀を見据えて ――

第7期運営委員会

　第20回全国大会の統一論題は，創立20周年記念を冠する大会にふさわしい大会テーマとしたい。その設定基準は経営学百年の歩みと重なる「20世紀」を通観しつつ，そこから経営学研究の方向性を長期的に展望することができるような問題意識を打ち出すことである。運営委員会で原案を練り，理事会で承認を得た第20回記念大会の統一テーマは，『経営学の貢献と反省―21世紀を見据えて―』という論題に決定した。その趣旨は以下のようなものである。

　経営学の歴史は「20世紀」の幕開けとともにスタートを切り，その前半期においてほぼ「経営学」の原形を形成し，その後半期において多様な発展的展開を見せて今日に至っている。ここで「20世紀」とは単に西暦年代を表記するばかりでなく，「20世紀世界」という時代性を含意する歴史的文明論的概念である。そこには「キャピタリズム」と「インダストリアリズム」という大河が2度の世界大戦の堰を乗り越え奔流となって世界をのみ込み，さらに冷戦終結とIT革命を契機として「グローバリズム」の波が世界を洗うという「世界史」が刻印されている。そして，かかる時代趨勢のなかで「20世紀社会」の主役となったのが「ビッグ・オーガニゼーションズ」であり，その「マネジメント」であった。その意味で，経営学は「20世紀」の申し子として誕生し，「20世紀」の変遷とともに成長してきたと言って大過ない。現代経営学の内実が，企業論（ないし資本論）と事業論（ないし職能論）のマネジメント論（ないし組織論）による統一として展開されていることがそのことを示していると見ることができる。

　2011年の現在，「20世紀」はなお継続している。経営学もまた「20世紀経営学」の鋳型を保持しつつ，企業と産業と組織の発展に寄与することを学術的使命として展開されている。しかし2011年3月11日を経験した今，それが自

然災害という外圧を契機とするものであっても，ここでわれわれは否応なく，経営学の学術的功罪をあらためて総括する地点に立たなければならないであろう。経営学史とは，経営学を歴史的に再構成する視座であり，方法であり，学問である。われわれは経営学の過去（形成史）を反省的に省察し，「三陸ツナミ」と「フクシマ」，そしてその後の出来事が人災—われわれの熟語に言いかえれば「マネジメントの失敗」—として発生したことの意味を正しく理解し，それを経営学の現在に活かし，未来へと繋げていかなければならない。

以上のように，われわれは第20回大会を機会に，経営学史百年を「20世紀経営学」の形成史として捉えたうえで，あらためてその基本原理と主導的理論枠組みの特色を明らかにする必要がある。もちろん，それは単に過去を評論するためではなく，あくまでも経営学の未来を「21世紀」とともに展望する契機とするためである。「21世紀」は，言うまでもなく，一部の意志や努力で人為的に形成されるものではない。それは文明の時代的変容として，「20世紀」の先に漸進的かつ未定形に形成されていくものであり，経営学の進化・発展もまた，基本的には時代の変化とともに徐々に累積的に顕現するものであろう。他方では，われわれの経営学研究が時代の流動を先取し，脱20世紀経営のモデルを提示することを通じて「21世紀経営学」の形成に資することも，不可能ではない。しかしながら，それも，われわれ自身が「20世紀経営学」の功罪を理性的かつ根源的に究究することなくしては，「21世紀経営学」への可能性を展望することすらできない。したがって，いま経営学史研究に問われていることは，「20世紀経営学」を徹底的に自己省察することであろう。

以上の如き問題意識のもとで，大会統一論題をより具体的に展開するために，経営学を構成する企業論，事業論，組織論の3つの領域に各2名の報告者と1名の討論者を配する。言うまでもなく，かかる3分野は故山本安次郎博士（元経営学史学会設立発起人代表，元当学会顧問）による「経営体3要素（企業・事業・経営）論」に依拠している。

〈領域〉　　　　　　　　　　　　　　　　　〈課題〉
Ⅰ．企業論（企業倫理論を含む）　　　　　　：企業の発展と社会の未来
Ⅱ．事業論（生産技術論，事業戦略論を含む）：産業の発展と生活の豊かさ
Ⅲ．組織論（マネジメント論を含む）　　　　：組織の発展と個人の満足

第Ⅱ部

経営学の貢献と反省
―― 21世紀を見据えて ――

1 日本における経営学の貢献と反省
―― 21世紀を見据えて ――

三　戸　　公

Ⅰ．はじめに――統一論題の意味――

　〈経営学の貢献と反省―21世紀を見据えて〉という統一論題は容易ならざる題である。反省するのは人間であり，それは人間の為すことであり，個人であり組織体である。経営学は学問であり，経営学は人間ではないから，それ自体は反省できない。だが，この題は成立しうる。その時，反省の主体としての個人と組織体と第三者そして客体としての経営学との関係が問われることになる。その問題は経営学を学ぶ者その人の貢献と責任について反省を問うことにもなり，まことにまさに容易ならざる事態に，個人を追いこむことになる。

　このような問題提起を経済学や社会学などその他の学問がしたことがあったであろうか。さらに言えば，経営学の学会なればこその問題提起であり，それも経営学史学会なればこそと言いうる。

　経営学は20世紀の申し子として誕生し，20世紀の変遷とともに成長して来た。われわれ学史学会はその形成史を反省的に省察し，「リーマン恐慌」と「三陸ツナミ」＝「フクシマ」そしてその後の出来事を〈マネジメントの失敗〉として発生したことの意味を正しく理解し，それを経営学の現在に活かし，未来へと繋げていかねばならない。

Ⅱ．20世紀経営学の成立

　経営学は，20世紀の初頭，ドイツとアメリカにおいて，同じく企業を主たる

対象としながらも異なった機縁・異なった性格を持った学問として，ドイツでは経営経済学 Betriebswirtschaftslehre，アメリカでは管理学 Management と呼称されるものとして成立して来た。

(1) ドイツにおいては，1898年にライプチッヒに最初に創立され，続いて次々に設立された商科大学を母胎として経営学は形成せられていった。

その経営学は，当然のこととしてヨーロッパの知的伝統と経済的・社会的発展を背景として商業的諸知識，簿記会計諸技術を不可欠の素材としつつ企業の発展に資する学として展開された。そのとき，先に成立・発展・体系化を遂げていた国民経済学・社会経済学の領域から，根源的な批判が浴びせられた。

経済学者の側からの生れたばかりの経営学に対する批判は，つまるところ，次のようなものである。学問・科学は，本来真理の探究にあり，それは天下万民の為のものであって一部の者の為にのみ資するものではない。だが，経営学は私的な営利追求を目的とする企業を支援し，奉仕するものであり，それは学問の冒瀆である，というものである。

ドイツ経営学がその名称を経営経済学と一般的に呼称されるまでに，商業経済学・私経済学・個別経済学・企業経済学・経営経済学と称されて来たことにも，経営学の学問対象と方法の一義的把握の困難が看取されるであろう。

経営経済学のあるべき姿を求めた体系化の諸努力を，1933年に3つに学派分類してみせたのが，シェーンプルークである。彼は大きく規範論と経験論とに分け，後者を更に技術論と理論とに分け，彼自身は規範論者として崇高とも言える抱負を披瀝している。

(2) アメリカにおいては，経営学は工場の現場を母胎として生まれてきた。職長天国とも表現せられていた工場現場が機械制生産方式に進んだとき，機械技師達による能率増進運動が興りアメリカ機械技師協会が設立され，そこから F. W. テイラーの科学的管理が生まれてきた。その後のアメリカ経営学の一切の業績は，その枠内のものである。〈経営学の父〉と呼ばれる彼の代表的な著作『科学的管理の原理』の出版年は1911年である。ちなみに経済学の父スミスの『国富論』は1776年に出版されている。

テイラーは，科学的管理は〈対立からハーモニーへ〉と〈経験から科学へ〉

の2つの原則・命題から成るもので，そのいずれかを欠くものは科学的管理とは呼ばないと明言した。科学的管理の第1号は〈作業の科学〉を基礎に据えたテイラー・システムと名付けられる課業管理体系である。テイラー・システムは直ちに世界中に燎原の火の如くに拡がって行った。

テイラーが科学的管理と自称したテイラー・システムは直ちに労働組合から攻撃の的となり，その反対運動は「テイラー式管理制度の下院特別委員会」を3度にわたって開催される事態を起し，アメリカ労働総同盟が和解的態度になるまでには時間がかかった。

一般に科学的管理と言えば，技術的体系としてのテイラー・システムを指し，科学的管理の本質を〈ハーモニーと科学〉との二大原則に立つ一切の管理を言うと把握されてはいない。「この二大原則に立つものこそ科学的管理」と言明したのは，下院特別委員会で「科学的管理は精神革命である」と言ったのであるが，この委員会での発言は労働組合側の反撃をかわす言辞として受け止められていたからである。

経営学はドイツでもアメリカでも受難の学として生れた。非難・蔑視の中を，それと向き合いながら，それぞれ発展をとげて今日に及んでいる。この批判と非難は，現在において克服されたものとなっているであろうか。

(3) さて，日本においては経営学はどのように形成されて来たのであろうか。

日本の経営学の創立は1926（大正15・昭和元）年の日本経営学会発足をもってとらえられている。それは，〈骨はドイツ・肉はアメリカ〉と言われるように，ドイツに生れ発展して来た経営経済学の枠組みの中にアメリカ管理論を内容として包摂するものであった。そのようなものとして経営せられるには，それなりの理由がある。

日本においても，ドイツと同じように1910（明治39）年には，既に東京・神戸・大阪・山口・長崎・小樽に更に続々と全国的に高等商業学校が設立され，そこの教授連によって日本経営学会が1926年に創立されたのであった。そこに，日本の経営学がまずはドイツ経営学を骨として，これに拠った事情がうかがえる。そして，ドイツと異なって企業の現場で生まれてきた管理論，さらには株式会社論までもアメリカより導入して両者を体系的に組み立てよ

うと意図した営為がなされたのである。

〈骨はドイツ・肉はアメリカ〉の日本の経営学は東京高商を卒業し，そこの教授となり学長となった上田貞次郎によって第一歩が踏み出された。その礎石の上に，増地庸治郎，そしていま一人として中西寅雄の名をあげることが適当であろうか。

中西寅雄の『経営経済学』(1931)は，当時マルクス経済学の熱気溢れた東大経済学部の中から生れた。企業を対象とする学である経営学は，企業を価値過程と労働過程を2要素とする個別資本と把握するマルクス経済学を方法的に適切なものとした。この学派の形成は世界でも特異なものと言いうる。

さて，日本の経営学は成立の背景に第一次世界大戦，ソ連社会主義国の成立，そして満州事変，日支事変，国家総動員法，太平洋戦争へと進んで行った。その間学問的充実・発展を遂げるとともに，〈生産力拡充〉に資するところがあった。と同時に，アメリカ経営学の導入は途絶えるとともに，マルクス経済学は国家により禁じられた。

Ⅲ．大戦後の経営学

(1) 日本の経営学は，1945年第二次世界大戦終結，敗戦を期に新しい段階を迎えた。戦後世界は自由主義諸国と社会主義諸国との冷戦体制の展開の時期と社会主義諸国の崩壊とそれ以降の時期に分けられる。この時期に入って，経営学は飛躍的な発展を遂げ，学問世界においてようやく認知されると同時に経営学部設立・増大の制度的発展を遂げるに到った。

15年戦争とも言われる戦争は，全土にわたる大空襲，200万超えの死者，厖大な戦費のつけを残して敗戦。アメリカ軍による占領下で10年たっての復興，55年体制のもとで高度成長期・安定成長期を経過した。やがて，戦後の冷戦体制の帰趨が見えて来たときバブルを起し，55年体制も終り，失われた10年，21世紀に入りリーマン大恐慌そして東日本大震災・福島原発事故，いかにこの危機を乗り切るか。

戦後の復興なったとき，〈骨はドイツ・肉はアメリカ〉の第1世代と彼等に育てられた第2世代によって，〈肉はアメリカ〉ではテイラー・システムの再

学習そしてメイヨー・レスリスバーガーの人間関係論の導入，つづいて馬場敬治によって日本の経営学のこれから進むべき道として「バーナード・サイモンを読め」の発言と同時にドラッカーの存在を知った。

〈骨はドイツ〉の経営経済学においては，禁書であったマルクスは一変して，マルクス経済学が支配的なものとなり，これが労働組合・社会党・共産党の理論的・思想的支柱として55年体制の一翼をなして，理論的展開をみた。そして，日本は高度成長を遂げ，1970年頃〈Japan as No. 1〉と言われ，日本的経営が世界に喧伝せられ，テイラーの科学的管理に比肩するものとさえ把えられてもいる。ドラッカーの *Concept of the Corporation,* 1946 が刷っても刷っても売れマネジメント・ブームを世界中に起した。日本では〈骨はドイツ肉はアメリカ〉の坂本藤良『経営学入門』（カッパ・ブックス，1958）が刷っても刷っても売れた。日本の経営学は高度成長そして民主化に貢献するところ少なしとしない。

(2) 〈骨はドイツ・肉はアメリカ〉の日本の経営学は，やがて〈アメリカ一辺倒〉と言われるような状況になって行った。もちろん，ドイツ経営学そしてマルクス経営学の研究者がいなくなることはない。ともあれ，アメリカ一辺倒の動向はどのような進展をみせたであろうか。

戦後アメリカ経営学の流れは，テイラー・システム，バーリ＝ミーンズの制度論的経営学，メイヨー・レスリスバーガーの人間関係論，馬場敬治の「バーナード・サイモンを読め」の提唱は高宮晋の組織学会の設立に進む。バーナード組織論はサイモンの意思決定論へと展開してゆき，アメリカの管理論は新しい段階へと移った。管理過程学派の消長があり，コンティンジェンシー理論の成立は経営環境を新しい研究領域とした。ここらで，アメリカ経営学は戦略論が大きな領域を加えおおむねその姿態をととのえ，日本におけるアメリカ一辺倒の姿も定まったかの観がある。

だが，アメリカ経営学には別の流れがある。アメリカ管理論はテイラーの科学的管理を源流として，科学的管理の原則である〈対立からハーモニーへ〉と〈経験から科学へ〉の後者のみに依拠して研究する多数派をなす主流と二大原則の両者に立とうとする本流との二者がある。

主流は，科学化の道であり，ひたすら機能性を追求するものであり，技術

論＝戦略論であり，次々に管理の新しい領域を見出し，拡張して行ったものである。これに対して，本流は〈人間とはいかなる存在であるか〉の哲学的思惟に立って管理の理論・技術論そして規範論を展開するものである。

テイラーに学びつゝ管理を統合論として把握し，経験を重視したフォレット，全人仮説の上に協働・組織・管理の理論を構築したバーナード，そして〈自由と機能〉の管理論を理論，技術論，規範論を兼ね備えたドラッカーがテイラーに続く本流の巨人である。

日本の経営学が〈アメリカ一辺倒〉に移行して行った大きな原因は，同じように企業を主たる対象としながらも，経済学アプローチをとる学と組織論＝管理論によって企業にアプローチする学とは異なったものであり，対象は同じでも方法が異なればそこには異なった理論的世界が展開されるということに由来する。

経営経済学は経済学の枠内のものであり，企業経営学は管理学＝経営学の一分野である。経営学は，企業ばかりではなく，学校・病院・各種スポーツ団体・行政体もまた経営学の対象となるべきものである。今，ようやく〈NPO・NGO〉の管理が研究の俎上に上って来た。

(3)　経営学を語るのに，ドラッカーを取り上げることは有意義だと考える。

ドラッカーが日本に初めて導入されたのは，*The Practice of Management*, 1954 が野田一夫監修『現代の経営』自由国民社1956年であるが，この本は直ちにビジネス関係者に迎えられると同時に学会でも多くの人が読み，取り組むことになった。藻利重隆教授は1959年に早くも『ドラッカー経営学説の研究』森山書店を，そして第1，第2，第3と次々に増補版を出されたのは，その象徴的な出来事ということが出来よう。

岡本康雄『ドラッカー経営学』1972年以降多くを見ない。何故だろうか。〈アメリカ一辺倒〉になったからである。それも，ひたすら，意識的・無意識的に経営学の科学化の道を進み，それが主流をなして来たからである。だが，主流の人達の誰もが，ドラッカーの枠を超える者はいない。ドラッカーの指し示した道を無意識的に進みつつある。すなわち，企業の目的は顧客の創造であり，それはマーケティングとイノベーションによって可能となるものであり，利潤はその成果であり，企業維持の回収すべき未来費用である，の指

示通りに研究しているのである。それは，彼が，「経営学の一切の発展はテイラーの科学的管理の枠内にある」と言ったのと軌を一にする。その意味からすれば，経営学者は誰でも「経営学の父テイラー」の認識をもつが，最近の「経営学の発明者ドラッカー」のキャッチ・フレーズは肯定されるものかも知れぬ。その意味からすれば，ドラッカーの功罪を語ることが論題の趣旨に副うことになろう。

　ドラッカーは，戦後の冷戦体制における自由主義陣営における現実認識とそのあるべき姿を求めた代表的な論者である。そして，社会主義陣営の理論的主柱はマルクスであった。

　ヒットラーの専制・全体主義に抗して『経済人の終わり』を書いたドラッカーは，活力に満ちたアメリカに渡って『産業人の未来』を書いて更に注目せられた。資本主義社会の矛盾・階級対立の激化によって社会主義社会の成立の必然を説いたマルクスの理論に対して異を唱える未来展望の書である。この本により当時世界一の会社 GM のコンサルタントに招かれ，ここで会社の現実を身をもって学んだ彼は，Concept of the Corporationを終戦の翌1946年に世に問い，経営学者ドラッカーが生れ出ることになった。彼自身，この本に特別の思いをこめている。

　彼は，この本につづいて The New Society, 1950と The Practice of Management, 1954で彼の世界を築き，数冊の本を出したのち，1969年の The Age of Discontinuity と1973年の Managementによって彼の世界は完成を見る。前者は『断絶の時代』と邦訳せられ，その語は流行語となりブームを起し，後者は2009年周知の〈もしドラ〉ブームを起し，『マネジメント』の抄訳は百万部売れてまだ売れ続けている。この2冊に続く1976年の The Unseen Revolution: How Pension Fund Revolution Socialism came to Americaは，ドラッカーがマルクスに対して自分の歴史認識が勝った証拠として論述したものとさえ思える。

　ここまで辿りついた彼は，自己形成の過程をふり返り，半自伝を1979年 Adventures of a Bystanderと題して書いている。この時，すでにソ連をはじめ社会主義諸国の衰退は誰の目にも明らかとなって来ていた。この半自伝は，Concept of the Corporationを世に問い，世界的マネジメント・ブーム

をまき起したと誇らかに書いたところで筆を止めている。それは，何を物語るか。

　彼は，この自伝を彼が接し，彼を形成して来た人々について書いている。その人達はその時々の主役級の人達であった。私はその主役の By stander にすぎなかった。だが，その時はその時それなりの Adventure をやって来た。これまで経済学的にのみ把握されて現代社会において最重要なものとなって来ている会社＝企業を，〈人間の努力の結集 Human Efforts ＝人間協働行為体〉と把握し，かかるものとして論を展開しようという呼びかけが，世界中から注目せられた。人間の本質を自由と把握し，自由にして機能する人と社会の建設の基礎をこの本で開示したのだ，というのである。だから，この本以降の自分は社会の傍役ではなく，主役としての役割を意識して来たのだ，というのであろうか。

　1989年，ベルリンの壁の崩壊を前にした年，彼は冷戦体制終結後の世界を *The New Reality* と題して，「歴史はその分水嶺を超えて新しい現実が既にわれわれの眼前に存在している」と稿を起した。大戦後の世界を *The New Society,* 1954と題して画いた著作になぞられた題である。

　彼の画いた *The New Society* はまさにこれから発展してゆく新しい世界が生き生きと画かれていた。だが，*The New Reality* は *The Age of Discontinuity* の単なる延長が画かれているにすぎない。一流のライターとして「歴史は分水嶺を越えた」と言う表現は魅力はあるが，何故分水嶺を越えて拡がっている世界に何の新しい風物が見えてこないのか。それは，冷戦の歴史的意義についての彼の認識が不十分であったからである。彼は冷戦を終結に導いた思想家であり主役の一人である。だが，そこには，勝者の喜び，充足感は感じられない。何故であるか。それは，彼が目指したものが，冷戦の終結・自由主義体制の勝利によってもたらされなかったからではないか。彼が目指したものは，人間の本質である自由の秩序であり，社会の一人一人の心身の健康・充足であったと思われる。それは，「一人一人の自由な発展が皆の自由の基礎になる社会」の実現を希求したマルクスの願いが，社会主義国家の現実に見られなかったことと軌を一にしている。

　彼は80年代に入って冷戦体制の帰趨が見えて来た頃から，新自由主義的傾

向に伴って増大してゆく M&A の動向にいち早く注目していた。経営者支配を是とする彼は敵対的買収に如何に抗するかについて書いたりしていたが，やがて彼の理論的支柱の年金基金＝経営者支配＝年金基金社会主義をゆるがす事態が生じてきた。投資ファンドの出現である。投機の領域を企業価値の現在と未来を科学的に予測してゲーム領域と化して成立して来たデリバティブ商品売買の新しい資本形態＝架空資本が出現し，年金基金がそれに出資してゆく事態に，彼は目をそむけることは無かった。だが，その事態を分析するものをもっていない。しかし，それがいかなる事態であるかは十分に認識していた。だから彼は，「私は資本主義を支持したことは一度もない，終始支持してきたのは自由市場経済である」と言っている。彼は，ドラマチックなLTCM の成立・興隆・没落の 5 年間を見ていたに違いない。彼は2005年に逝った。

　20世紀の最後の15年，日本はバブルと〈失われた20年〉と言われるようになった時を経過した。新自由主義によって加速された利潤獲得競争は，企業の不祥事の頻発を招いて企業倫理・企業の社会的責任が不可欠のものと要請され，経営学の大きな領域として登場してきた。経営学は企業のマネジメントを論ずるだけでは事足りる状態ではなく，ガバナンスが論じられステークホルダー論が浮上して来たし，企業は誰のものかが論じられた。だが，その制度化は法治国として企業の現実の実態と遊離した株主主権・法令遵守が押し進められている。そして，企業の維持存続が容易ならざる状況の深化拡大は，企業維持論が大きな課題として登場して来ている。

Ⅳ．21世紀，経営学の課題

　(1)　21世紀に入りディケイトを経た今日，世界はリーマン恐慌を未だ脱していないし，フクシマ原発事故がどのような経過を辿るかは世界中が我が事として注視している。この 2 つの事態に20世紀の学と言われる経営学はいかなる責任があり，また，その解決・克服にいかなる寄与を為すことが出来るであろうか。

　リーマン恐慌は市場経済の問題であり，商業資本・貸付資本・産業資本の

既存の実体資本に加えて新しく第4の資本形態が架空資本として成立して来たところに原因がある。企業の実体が健全か否かに関係なく，権利証券の売買たるデリバティブ金融派生商品の売買差益を獲得する資本の成立である。すなわち未来予測の精度を競う情報資本，利潤をあげることに本質があり，売買差益を獲得することのみを事とする象徴的な資本の成立である。その架空資本が実体資本の10倍を越して流動したのでは，実体資本の健全性を保証する基盤は根本から揺らぐことになるのは，当然の成り行きである。だが，所詮はそこは投機の世界である。世はリスク社会となった。

　ドラッカーは，利潤の本質は企業維持の未来費用と規定した。利潤はマーケティングとイノベーションによって市場競争に勝ち残った成果であり，企業価値測定の尺度ともなると論じた。だが，それはあくまで一面の真理であって，利潤における決定的な面を看過していた。市場経済を〈悪魔の挽き臼〉と論じた彼の親友カール・ポランィが『大転換』と題して市場経済の根本的批判を書いた時は，まだ資本の第4形態は生まれていなかった。ドラッカーは，戦後アメリカの発展の中で資本の本質，市場経済の何たるか見誤ったのである。企業経営を論ずるにあたり，大きな誤りをおかしたのである。

　(2)　福島原発事故に対して，経営学はこれに応答すべきものをもっているであろうか。私が知るかぎりそれはドラッカー経営学をおいて他にない。企業経営を構成している個々の領域の科学化を目指した主流派経営学は応答することは出来ない。ドラッカーの主著とも言うべき『マネジメント』はキーワードを課題・責任・実践を副題として掲げている。このキーワードによって，この度の原発事故に接近してみよう。

　東京電力株式会社にとって〈課題〉は，何であろうか。電力会社の課題は電力の安全と安定を可能なかぎり安価に供給することである。電力の安全と安定供給が使命であり，それが社会によって要請せられ，委託せられた課題である。核分裂・核融合という危険極まりない科学・技術に頼る電力供給の安全に対する注意はいくらしてもしすぎることはない。その点に対する配慮が足らなさすぎたのではないか。国家が権力をもって原発推進に対して，誰よりもその危険性を注意し留意し政府に対して，正確な情報を提供しなければならなかったのではないか。既に，最初からそして絶えずその危険の可能

性と現実性の研究結果を報告し続けた学者がいたのに，何故それに耳を傾けなかったのか。

　安全性を保安することを職務とする国家機関の保安院なるものが，この度の事故に対してその役割を全く果たしてこなかったこと，その保安院はそのまま事故後の原発行政に対して，事故原因究明に力をつくすことなく，原発再開になお役割を演じていること，国家権力が事故の発生・事故の実状，安全性の確保の道筋が見えないままに再開の方向を示しているのは，国家の政治・行政にたずさわる組織は，自分たちの組織の課題は何であるかを忘れているのではないか，始めからそれを意識していないのではないか，安定供給に一言すれば，たとえば会社間の電力融通を推進する方向とは逆の諸施策をとっていたことなども周知の事実である。

　〈責任〉について言えば，課題＝目的を果たす責任とその随伴的結果を果たす責任がある。後者については，ドラッカーは企業が起こした社会的衝撃に対する責任としてどこまで誠実に対応すべきかを論じている。東電は，事故を起こした責任も安定供給を果たしえなかった責任をも感じていないがごとくの言動を続けている。安全・安定の電力供給が不可能な状態に立ち到った責任はどうとるのか，土地をけがし，海をけがして，多くの人の生活と健康をそこねた責任を感じとってはいないかの如くである。責任という概念は日本と欧米は根本的に異なることをどれだけの人が知っているか。

　〈実践〉こそ経営にとって決定的事項である。為すべき事故の終熄についての実践について言えば，まずは事故の正確・精細な実態の把握と原因の究明であるが，1年を経過してどちらも十分になされていない。危険な状態から未だ脱していない段階で政府は既に終熄宣言を出したが，政治的判断で発せられるべきものではなく，停止炉の再稼働を政治的判断で為すべきものではないこと，言を俟たない。

　ドラッカーは目標管理・分権制・仕事と従業員の管理・管理者の管理を時間をセットして〈実践〉モデルを提示しているが，正確な被害実態の把握なしでは，ドラッカー・モデルの適用も出来ない。

　それにしても，ドラッカーの管理論の卓越性をあらためて再認識する。電力会社の経営者・保安院・経産省の役人にドラッカーを読ませたい。もっと

も，上記のような読み方をしないかもしれぬ。

V．むすび——経営学の反省——

　21世紀を迎えて，対処せざるをえない2つの大きな問題に，有史以来の文明の危機を感じとっている。その危機は直接的には，資本の第4形態の出現による市場経済が地球規模に拡大・深化して来て国家破産・リスク社会の事態まで招き，そして核をめぐる制御不能の科学技術の進行である。

　加えてこの問題に直接的に対処可能な学問は，経営学以外に有るであろうか。それは，経営学は人間の集団的行為＝人間協働すなわち組織的行為＝経営体を学問対象とする学だからである。経営学は，経営体の目的に応じて，経済・教育・軍事・医療等々の学問的成果を包括しなければならないが，それにつきるものではない。この企業・学校・軍隊・病院・さらには政党・行政体という特殊な組織に必要な学の前に，経営学は人間協働・協働行動一般にとって，哲学・心理学・社会学も，経営学の前提的な学問である。しかも，その学は単なる理論で終わることは許されない学であり，実践こそこの学の真髄があるという学である。経営学は，20世紀の初頭に生まれて来た学であるということは，経済学他諸科学が成立して最後に生まれて来たディシプリンであるという位置と意味をもつものと言うことも出来よう。この学は，どこまでも人間とは何か，の問いから離れ得ない学である。

　経営学はそれが生れたとき直ちに〈金儲け学〉として否定的に経済学者から論難されたが，その問題は現在解決されたであろうか。経済学自体が〈金儲け学〉となっているのではないか。また，アメリカでは労働組合から反対され議会問題にまでなったが，階級社会が失業の増大を底辺とした格差社会・リスク社会の進行しつつある現代にいかに対応しようとしているのであろうか。

　経営学が日本に〈骨はドイツ・肉はアメリカ〉として導入された時，ドイツ経営学が提起した理論・技術・規範の問題を，意識的にとり上げた。学として，科学としてそれはまず対象認識の理論であらねばならない。と同時に経営にとって技術論もまた不可欠であり，技術論なき経営学は経営学とは言

えるか，と考えられた。だが，規範は科学の対象にはなり得ないとされ，規範論は強く忌避された。ドイツにおいて，この3者の分類をつくり，規範学派の代表としてニクリッシュをあげ，自分はそれに属することを言ったシェーンプルークもニクリッシュも，経営学の組織論化にもかかわらず，大きな流れとなっていない。

　だが，ドラッカーの経営学は規範論を兼ね備えている。思えば，テイラーに始まる科学的管理は〈対立からハーモニーへ〉と〈経験から科学へ〉の2原則からなるもので，その後者のみに拠ろうとする主流は規範論をもたないが，テイラーの言う通りに両者に拠って立つ本流は統合論に立つフォレット，科学的対象として把握する人間規定と科学を超える人格規定の両者に立とうとするバーナード，〈自由と機能のマネジメント〉を説くドラッカーはいずれも規範論をもつものである。

　経営学が人間の集団的行為・協働を対象とする学であるかぎり，規範論たらざるを得ない。そして，そこに経営学が他の諸学と決定的に異なるところである。経営学は，なお方法論的に成熟しなければならないし，企業経営のみではなく，全ての組織体の行為に関して経営学的接近を推進してゆかねばならない。ついでに言いおくと，テイラーのいう〈経験から科学へ〉は，科学的管理の創始者の言として充分納得できるが，経営学にとっては科学も不可欠だが経験もまた不可欠である。知識・行為能力・経験の3者をとらえてKAEの理論をたてた山城章を想起する。実践に不可欠の規範こそ，経営学にとって不可欠のものではないか。そして，いかなる規範を掲げ実践するかは，更に重要なことである。

参考文献
三戸　公（2012），「日本における経営学の思想と方法」『経営学の思想と方法』文眞堂。
三戸　公（2011），『ドラッカー、その思想』文眞堂。
三戸　公（2010），「現代文明の転換過程を読み解く―マルクス，ドラッカー，ポラニーを超えて―」（『書斎の窓』No. 600有斐閣）。
三戸　公（2002），『管理とは何か―テイラー，フォレット，バーナード，ドラッカーを超えて―』文眞堂。
三戸　公（2000），『科学的管理の未来―マルクス，ウェーバーを超えて―』未来社。

2 企業理論の発展と21世紀の経営学

勝 部 伸 夫

Ⅰ. はじめに

　われわれは21世紀の社会に生きているが，人間の社会とは良くも悪くも過去の歴史経験の累積として存在しているのであり，現在はすべての歴史に繋がっていると言ってもよい。したがって，より良い未来を展望するには過去の歴史を振り返り，その反省に立つ必要がある。「経営学の貢献と反省—21世紀を見据えて—」というテーマは，経営学がこれまで何を明らかにしてきたのかを問い，その貢献と反省を踏まえて未来を展望しようとするものである。
　さて本稿の課題は，この100年の経営学の歴史を辿ることで，企業がどのように位置づけられ理論化されてきたのか，すなわち20世紀企業理論の発展史を今一度振り返ってみることである。ただしそれは，単なる理論の羅列紹介であっては意味がなかろう。経営学の企業理論が如何なるもので，それがどれだけの位置と意味を持っていたのかが問い直されねばならない。その際，議論の対象となるのは主に株式会社しかも巨大株式会社である。大規模組織体＝巨大株式会社の登場は経営学の誕生を促したが，現代社会に絶大な影響を与えているのもまたこの巨大株式会社だからである。
　そこで本稿ではまず，制度学派の企業理論をバーリ＝ミーンズの議論を中心に見ていく。そして制度学派の後継者としてP. F. ドラッカーを位置づけ，彼の企業理論を吟味する。その後，1970年代あたりから登場してきた新制度学派の企業理論，その中でも特にエージェンシー理論を中心に検討する。この100年の企業理論の変遷を制度学派から新制度学派へという流れで分析した上で，21世紀の経営学が如何なる企業理論に立脚すべきかを最後に検討する。

II. 制度学派の企業理論

　アメリカ資本主義は19世紀末にはイギリスを抜いて世界のトップに躍り出たが，同時に，独占企業と呼べる大規模企業が登場する。こうした中，アメリカでは後の経営学の生成・発展に大きな影響を与えた制度派経済学（Institutional Economics）が台頭してくる。この学派の創始者ソーンスタイン・ヴェブレンは，市場はすでに競争的ではなく，少数の大企業によって支配されていることをいち早く見抜いた。そこで彼は，社会ダーウイニズムや主流派の経済学（新古典派経済学）の主張を批判しつつ，独占段階の資本主義を分析した。制度派経済学はこのヴェブレン，そしてコモンズ，ミッチェルなどが代表的な論者である。この学派の特徴は，累積的・因果的系列のなかで，制度がいかに変化してきたのか，また変化していくのかを問題としており，したがって物事を現実に即して見ていこうとする点にある（三戸 1966）。主に研究対象となったのは大企業であり，「所有と経営の分離」といった事実が指摘されるとともに，今日の経営学でしばしば用いられるゴーイング・コンサーン（永続企業）の概念も提起された。

　このように大企業を対象とする制度的把握が行われたのであるが，そうなると経営者の存在を問題としないわけにはいかなくなる。ここに制度派経営学が展開していくことになる。その代表格として登場したのがバーリ＝ミーンズである。彼らの記念碑的労作である『近代株式会社と私有財産』（1932）は経済学，経営学など広く社会科学の諸分野に大きな影響を与えた。周知のように，彼らは全米のわずか200社の企業に巨額の富が集中しており，市場は産業の集中が相当進展した寡占市場であることを統計的に明らかにした。そして株式が大衆の間に広く分散していることを示すとともに，大企業の多くが経営者支配になっている事実を理論と実証の両面から明らかにした。つまり巨大株式会社では「所有と支配の分離」が進展し，資本家（所有者）支配から経営者支配へと大きく転換していたのである。株式会社の登場は「財産の変革」を引き起こし，株主が手にしたのは権利証券である株式であり，また多くの株主はすでに会社を支配し経営しようという動機も能力も持ち合わ

せていなかったからである。結局，巨大株式会社という組織体を動かせるのは専門経営者以外にはいなかった。

そうなると，支配者となった経営者はこの巨大株式会社を誰のためにどのように動かして行くのであろうか。これは「会社は誰のものか」というテーマであり，今日のコーポレート・ガバナンス論の問題そのものである。この問いに対してバーリ＝ミーンズは①株主，②経営者，③全社会の3つの可能性を挙げた上で，最終的には，より広い利害関係者に権利の道を開いたと述べ，制度化した大企業は社会的な存在であることを主張した。

結局，バーリ＝ミーンズの主張は「経営者革命論」（所有者支配→経営者支配）と「会社革命論」（私有財産→準公的会社）という2つに要約できる。巨大株式会社＝大規模組織体は社会の制度（social institution）と把握され，それを支配し動かしていくのは専門経営者だということである。ここから経営者論を中心とした企業論が展開されていくことになる。制度派経営学の企業理論の礎石はここに大きく築かれることになった。

しかし，バーリ＝ミーンズの主張は必ずしもすべての方面から好意的に受けとめられたわけではない。マルクス経済学者は彼らの主張を徹底的に批判したし，主流派の経済学者は多くがこれを無視した。なぜなら，経済学の主流である新古典派経済学であれ，これと対立するマルクス経済学であれ，それを肯定的に見るか否かは別にしても，従来の経済学は何れも企業とは資本家の私有財産だと見ており，特に株式会社にあっては会社を所有し支配する資本家＝大株主が必ずいると想定していたからである。したがって，バーリ＝ミーンズの主張は，企業＝資本家の財産という経済学の伝統的な企業観に真っ向から挑戦するものであった。そのため上記のような批判を一方では受けたが，制度学派の経営学はバーリ＝ミーンズの議論から本格的に出発し，企業理論の基礎が形作られていった。巨大株式会社における会社支配は所有者支配から経営者支配へ，そして会社の性格は財産から（社会的）制度へと把握され，この制度論的企業理論はそれを引き継いだドラッカーによってさらに豊かに展開されることになる。

Ⅲ．ドラッカーの企業理論

　制度派経営学の頂点に位置し，さらに言えば20世紀において最も大きな影響力をもった企業理論はドラッカー理論であろう。彼の企業理論の概要を見てみよう。

　まずドラッカーが企業をどう把握したかである。彼は，大企業は社会の制度であり，しかも決定的，代表的，構成的制度であると見る。さらに企業は3重的性格をもっており，経済的，統治的，社会的制度であると規定する。つまり企業は社会に財・サービスを提供するだけでなく市町村と同じく行政・司法・立法の機能を果たす存在であり，また個人には地位や機能，満足を与える社会的な側面ももっている（Drucker 1946, 1950）。この3つの機能は同時に達成されなければならない。ただし，経済的機能こそが第1であり，経済的成果をあげることによって企業は社会的に正当化されるという。そして企業は社会の制度＝機関であるから，企業の目的もまた，その外部すなわち社会の中にあると彼は言う。すなわち企業の目的は利潤追求ではなく，「顧客を創造すること」であると。この顧客の創造のためには，企業はマーケティングとイノベーションを徹底的に行うのである。ここまで見ただけでも伝統的な企業観を完全に越えているが，さらに利潤をめぐっても新しい見方が示される。従来の利潤概念にかえて「未来費用」という概念を提示する。この未来費用とはリスク，陳腐化，取替，不確実性に備えて企業が回収しておくべき利益である。企業にとっては当期費用（事業を営む費用）の回収だけではなく，この未来費用（事業を持続させる費用）の獲得こそが決定的だという。それは大企業はつぶれることが許されない社会的存在になっているからである。そして，利益は成果達成の尺度，リスク補填の保険料，投資の原資，社会的費用の原資という4つの機能を担っていると見る。

　次に，制度化した企業を機能させる経営者については，ドラッカーは経営者が産業社会において決定的な権力をもつに至ったと述べ，大企業の経営者支配を認めている。このようになったのは株主が権利と義務を放棄したためである。したがって，経営者は個人の財産の執行代理人（エージェンシー）

などではなく，その権力は財産権に由来しないという。そのため，ドラッカーは当初，経営者支配は財産権に基づかない非正当な権力だと否定的に捉えていた（Drucker 1942）。その後の著作では，経営者支配の正当性の問題は直接的には大きく取り上げられなくなったが，むしろ如何にすれば経営者が正当性を獲得できるのかに意を注いだと言える。

　では，経営者とはそもそも何か。経営者は management という組織体の一機関として企業の経営成果に責任をもつ存在である。経営者の仕事とは，投入された資源の合計よりも多くのものを産出するような生産体を作り出すことであり，あらゆる決定と行動において，短期と長期の要求を調和させることである。そのために，経営者は企業の3つの主要機能－事業の経営，経営担当者の管理，働く人間とその仕事の管理－を効果的に果たさねばならない。こうしたマネジメントを担う経営者はより進んだ知識とより大きな能力の持ち主でなければならないが，同時に，品性高潔なる人物であることが不可欠である。高潔なる品性（integrity）こそがきわめて重要な経営者の資質だとドラッカーはいう。

　最後に企業の社会的責任について，企業は社会が求める財・サービスを提供することが第一義的であり，それこそがまず企業が果たすべき社会的責任である。しかし，こうした企業活動は意図するしないに拘わらず社会にプラスあるいはマイナスの影響を与える。社会的衝撃に対処することもまた企業の社会的責任である。そしてプロフェショナルとしての経営者にとっては「知りながら害をなすな」の原則が，マネジメントの倫理とならねばならないとドラッカーは指摘する。

　以上，ドラッカーの企業理論を簡単に纏めてみたが，彼は商業社会から産業社会へという歴史観・社会観に立ち，そして『断絶の時代』以降は組織社会，知識社会という社会把握に立って，その多元的な組織社会における決定的，代表的，構成的制度として企業を位置づけた。企業を制度と把握する点では制度学派の伝統を継承してはいるが，企業を経済的制度としてのみならず統治的，社会的制度として再定義したところがドラッカー企業論の真骨頂である。自由で機能する産業社会を展望し，その中核的な存在が大企業ということになると，企業は経済的成果をあげることで維持存続していかねばな

らず，またそうすることで社会的な承認も得られるということになる。そのため，利潤概念もまた大きく転換されて，企業維持のために回収されるべき費用として新たに位置づけられることになった。また，社会における制度＝機関となった企業を動かして成果を生み出すのはこれまたマネジメントという機関であり，ドラッカーの手によって具体的なマネジメント理論が生み出され，分権制や目標管理など経営の現場において実際に活用されている。こうした彼のマネジメント論を貫いているのは，自由をキーワードとする人間観である。また経営者に品性高潔を求めたのはドラッカーを措いてない。

　こうしたドラッカーの著作は世界の多くのビジネスマンに読まれ受け入れられ，戦後の企業経営はドラッカー理論によって牽引されてきたと言っても過言ではなかろう。しかしその一方で，アカデミズムの研究者からは時に無視され，議論の対象とされてこなかった（三戸 2011）。ただ，意識的か否かは別にしても，ドラッカーの企業理論は経営学の分野で実際は大きな影響を与えてきたことは間違いない。ドラッカー企業論はその内容と体系性において，制度派経営学の到達点と評価してもよかろう。

　しかし，20世紀も終盤になってくると，制度派経営学のそれとは内容的に大きく異なる企業理論が登場してくる。新制度派と呼ばれる経済学であり，これが経営学の世界にも入ってきて，今や大きな影響力をもつに至っている。この学派の企業理論を見てみよう。

Ⅳ．新制度学派の企業理論

　主流派の経済学は制度派経済学・制度派経営学の議論に対して，それを無視するか，あるいは大きく取り上げられることはしなかったが，60年代になると経営者支配を認める新たな企業理論が登場してくる。ボーモルの売上高極大化理論，マリスの企業成長率極大化論，ウイリアムソンの経営者効用極大化論などがそれである。これらの理論はいずれも伝統的な経済学に見られる利潤の最大化という仮定を取らず，経営者の自由裁量をある程度認める内容になっている。

　そして80年代になると主流派経済学の中からウイリアムソンに代表される

新制度派経済学（New Institutional Economics）が台頭してくる。この新しい経済学は「組織の経済学」（Organizational Economics）とも呼ばれ，主として「取引コスト理論」，「エージェンシー理論」，「財産権（所有権）理論」といった3つの領域から構成されている。こうした理論の出発点になったのがノーベル経済学賞受賞者であるR．コースの取引コスト理論である。取引コストなどと言われても何の変哲もない概念のような気がするが，実はこれによって経済学における伝統的な企業理論は一変することになる（Coase 1988）。コースは，主流派である新古典派経済学がそれまで企業を生産関数あるいはブラックボックスとしてしか捉えていなかったのに対し，市場において企業がなぜ存在するのかを取引コスト概念を用いて理論づけたのである。このコースの考え方をベースに，その後，ウイリアムソンによって取引コスト理論が精力的に展開されていった。同様に，ロス，ジェンセン，メックリング，ファーマなどによってエージェンシー理論が展開され，アルチャン，デムセッツ，グロスマン＝ハートなどによって財産権（所有権）理論が展開されることになる。

　ところで，新制度派経済学が理論の前提とする人間観とはどのようなものであろうか。まず，伝統的な経済学が前提としていた完全合理的な人間観は否定され，それに代わってH．サイモンを援用して，限定合理的な人間観がこの理論の前提とされる。そしてもう一つは，機会主義（opportunism）と呼ばれるもので，自分の利益のためには悪賢いやり方で行動する可能性があることを想定するものである。すなわち人間は全知全能ではなく限定合理的な存在であり，しかも相手の弱みにつけ込んだり，出し抜いたり，あるいは騙したりしてでも自己利益を追求するものだ，というのである。こうした限定合理的で，しかも機会主義的な行動様式を取ると仮定する人間観（Williamson 1975）は，ある意味ではより生身の人間に近いとも言えなくはない。しかし，だからと言って伝統的な経済人仮説の枠組みから完全に抜け出してしまったというわけでは決してなく，むしろ従来からの仮定をベースにそれをより拡張したのがこの学派の人間観だと言えよう。

　では次に，この学派が企業をどのように把握しているのかをエージェンシー理論を例に纏めておこう。

エージェンシー理論では，仕事を依頼する人をプリンシパル（依頼人），その仕事を引き受けて代行する人をエージェント（代理人）と呼び，両者の契約関係をエージェンシー関係という。例えば，医者と患者の関係は典型的なエージェンシー関係である。こうした関係は企業においても見出すことができ，株主と経営者，経営者と従業員など，いずれもエージェンシー関係として捉えることができる。したがってこの理論では，企業とはエージェンシー関係の契約の束（ネクサス）と規定されることになる。これを図式的に見れば，経営者が円の中心に位置し，それを取り囲む株主，債権者，従業員，取引先，顧客がそれぞれ経営者とエージェンシー関係を取り結んでいるという構図である。このような企業観に立てば，企業とは多数の個人間の契約関係の束でしかなく，あくまで法的擬制ということになる。つまり，この理論では企業は実在するものとは見なされていない。したがってまた，企業の社会的責任などという考え方はこの理論からは出てこないことになる。

さて，エージェンシー理論は，すでに説明した通り，2つの重要な仮定を設けている。1つは，すべての人間は自己利益（効用）を最大化するように行動するということであり，もう1つは，人間には情報収集，情報処理，情報伝達能力に限界がある，すなわち情報の非対称性があるということである。そのために，プリンシパル（依頼人）とエージェント（代理人）の間には，資源の非効率な分配を生じさせるエージェンシー問題が出てくる可能性がある。その典型的な事例がモラル・ハザードや逆選択などである。モラル・ハザードとは，プリンシパルとエージェントの利害が必ずしも一致しないため，エージェントが自己の利益を優先したり，手抜きをしたりすることによって起こる。逆選択とは，エージェントがプリンシパルとの契約前に隠れた情報をもっている場合が多いため，それを見越したプリンシパルが良くない条件を提示することで，結果的に悪しきエージェントの方が集まってしまうために起こる。いずれの現象も，プリンシパルの期待通りには事が運ばず，結果的に資源の非効率な分配が生じてしまうという点で共通する。そのため，エージェンシー問題が起こらないようにするために，さまざまな制度，規則，ルールなどが社会的に機能しなければならないと考えられる。まさにここに社会の「制度」が関わってくるのである。

以上のような考え方に基づき，この理論を用いてコーポレート・ガバナンス等の現実的な問題分析が積極的に行われている。例えば，ガバナンスの問題とは，プリンシパルである株主や債権者などとエージェントである経営者の利害が必ずしも一致しないために起こる非効率問題ということになる。したがって，その解決のためには両者の利害を一致させることが求められる。具体的には，何らかの制度により経営者をチェックするモニタリング，あるいは経営者を所有者化して株主と利害を共通化させるインセンティブ・システムの構築などがその処方箋となる（菊沢2004, 2006）。

こうした株式会社のガバナンスの議論には，もう一つの主要な理論である財産権（所有権）理論が深く関わってくる。この考え方の基本は，所有権が特定の人に明確に帰属する場合，その人は効用極大化のために財の最適な配分を考える。ところが，人は限定合理的であるがあるゆえにそのようになるとは限らず，非効率のために生ずるコストとそれを是正するためのコストを比較勘案しながら所有権の帰属先がどうあるべきかが考えられねばならないという。こうした観点から，株式会社の所有構造がどうあるべきかといった問題も検討されることになる。

V．20世紀の企業理論をどう評価するか

20世紀に登場した企業理論の変遷を，主にアメリカの議論を中心にここまで見てきた。企業理論といっても様々なものがあり，例えばマルクスの個別資本説などはここでは取り上げていない。また，本稿で取り上げた理論は経営学を学ぶものにとってはすでに周知の理論で，それ自身は何も新しい知見を含んでいるわけではない。しかし，歴史的な時間軸で眺めてみると，そこには大きな流れがあることが分かる。

最初に取り上げた制度学派（経済学，経営学）は，企業を社会的制度でありゴーイングコンサーンと見なした。そしてバーリ＝ミーンズ等の議論を経て，ドラッカーによって独自の社会理論，歴史理論を背景に「会社とは何か」が内容豊かに論じられることで制度論的企業理論は一応の完成を見たということができる。これは経営学の大きな成果だったと言ってよかろう。意識的

か否かは別にして，経営学者の多くはこうした企業観に立って研究を進めてきたはずである。しかし，その後に登場してきて次第に存在感を示すようになった新制度学派の企業理論は，基本的には経済学の理論である。しかも学派の名前に同じ「制度」の名を冠してはいるが，少なくともそれは（制度派経済学の一部を継承しているのは事実であるが）制度派経営学の成果を継承するものでは決してない。否むしろ，両者はまったく対照的な理論だと言わねばならない。

したがって，この100年ほどの主要な企業理論の推移は以下のように纏めることができる。すなわち，①19世紀末まで：経済学（新古典派）の企業観＝点としての企業，②20世紀初頭から終盤まで：経営学（制度学派）の企業観＝社会的制度としての企業，③20世紀終盤から現在まで：経済学（新制度学派）の企業観＝契約の束としての企業，と変化してきているのである。このうち②→③の変化をもう少し内容に即して見れば，経営学→経済学，制度学派→新制度学派，制度的企業観→契約的企業観，全人仮説→（拡張された）経済人仮説，組織→市場（内部市場も含む），経営者支配→所有者支配，財産の終焉→財産権（所有権）重視ということになるであろう。こうした纏め方は多

図1　この100年の企業理論の推移

	19世紀末まで	20世紀初頭から終盤	20世紀終盤から現在
	経済学（新古典派）	経営学（制度学派）	経済学（新制度学派）
企業観	点としての企業（ブラックボックス）	社会的制度としての企業	契約の束としての企業
人間観	経済人仮説（完全合理性）	全人仮説	拡張された経済人仮説（限定合理性）
紐帯	市場	組織	市場（内部市場も含む）
企業所有形態	個人所有（資本家所有）	機関所有（機関投資家）	機関所有（ファンドの台頭）
企業支配形態	所有者支配（資本家支配）	経営者支配	所有者支配？
財産権	財産権（所有権）重視	財産の終焉	財産権（所有権）重視
経営者の性格	所有資本家（機能資本家）	専門経営者＝非資本家（非所有者）	機能資本家？
誰の利益を重視	所有者（株主）	ステークホルダー	所有者（株主）
企業の社会的責任	なし	あり	なし

少乱暴すぎるかも知れないが，しかし20世紀終盤に見られたこの変化は，内容的には企業理論の「大転換」と言うに値するものではなかろうか。

そうであれば，この企業理論の分野での「大転換」が意味するものは何であろうか。それを論ずる前に，まず上記の①→②→③は段階的発展のプロセスを示すものではなく，内容的にはむしろ①→③という経済学の流れに対して，②の経営学が挟まっているという関係だという点が重要である。つまり現在影響力を増してきている③の新制度派経済学の企業理論は，①の新古典派経済学をルーツとしており，その企業理論の問題点を批判しそれを乗り越える形で登場してきたとはいえ，経済学としては元々は同根である。そのため，両者の関係は①→③と単純に継承されてきたものとは必ずしも言えないが，経済学としての大きなフレームワークや思想における基本的な部分は共通する。例えば，市場，効率性，経済人仮説，財産，所有権といったキーワードは，①と③でほぼ共有されている。逆に②のキーワードはこれら①③とは対照的である。また，②と③に共通するキーワードとして，例えば「組織」を挙げることができるが，③においてはそれは内部市場とおきかえることが可能である。したがって，①→②→③の流れが意味するところは，20世紀に生成発展した経営学（の企業理論）に対して，用いる道具立て（理論）はより洗練されて来ているという違いはあるにせよ，同じ経済学（の企業理論）による「反革命」という解釈も可能ではなかろうか。あるいはそれが言いすぎだとすれば，少なくとも企業理論の経済学化が着実に進展しているのが今日の状況だと言えよう。

ではなぜ制度派経営学（の企業理論）が後退し，新制度派経済学（の企業理論）の台頭を許すことになったのであろうか。それは実体経済の動向と直接間接に大きく関わっていると見ることができる。戦後，アメリカを中心に繁栄を謳歌した世界経済は70年代のオイルショックを経てスタグフレーションに陥り，行き詰まりを見せる。そこからの脱却を目指して80年代には新自由主義を標榜するレーガン，サッチャー，中曽根（日本ではむしろそれより後の小泉）の各政権が登場する。新自由主義とは，「何よりも強力な私的所有権，自由市場，自由貿易を特徴とする制度的な枠組みの範囲内で，個々人の企業活動の自由とその能力とが無制限に発揮されることによって人類の富と

福利が最も増大する」（D．ハーヴェイ 2007）という政治経済的実践理論である。したがって，市場原理主義が声高に叫ばれるようになり，小さな政府，規制緩和，公企業の民営化といった政策が展開された（高橋 2011）。結論から言えば，こうした新制度派経済学の台頭＝企業理論の経済学化と現実の政治経済の動向とはきわめて強い相関関係があると見るべきであろう。新自由主義と言えばシカゴ学派の総帥フリードマンがそのチャンピオンであるが，新制度派経済学もまた新自由主義的な見方と親和性が高いと見ることができる。市場を重視し，私的所有権を強調するという理論的立場は共通のものだからである。

　こうした動きの典型的な事例をコーポレート・ガバナンス論において見ることができる。80年代にコーポレート・ガバナンス論が新たに登場してきて株主の復権が叫ばれ，急速に人々の関心を集めるようになったのであるが，その直接的な契機としては企業不祥事や業績低迷など，解決すべきガバナンス問題が現実に噴出してきたことが挙げられる。しかし，単純にそれだけではない。ここでガバナンス問題とは具体的には経営者問題であり，それは換言すれば経営者支配に対する懐疑あるいは否定である。経営者支配批判としてのガバナンス論の隆盛は，それを後押しする新自由主義思想，そして分析のツールを提供する新制度派経済学が前面に出てきたことと決して無関係ではなかろう。社会経済の動向とも相俟って，所有の意味を絶対的なものとする株主主権論は出るべくして出てきたのである。新制度学派が財産権（所有権）理論を大きな柱にしていることはまさにその証左であろう。これに対抗する理論としてステークホルダー論もあったが，少なくともアングロサクソンの社会では，株主主権派が勝利したと見てよい。そして実際に経営の現場においては，エージェンシー理論が提案する処方箋通りに，株主と利害が同一になるように専門経営者を所有者化（株主化）するストック・オプション制度が積極的に取られ，その結果，企業経営は目先の利益を追う短期経営と株価至上主義に陥ることになった（片岡 2011）。経営者報酬がうなぎ登りに上昇し，一般従業員とは比較にならない水準になったのもまさにそうした背景があったからである。これはもはや経営者支配（所有に基づかない会社支配）ではなく，経営者の機能資本家化（所有資本家化）である。こうした現

象は，理論が実態に影響を与え，実態がまた理論に影響を与えるという相互的な関係になっていることを示している。そして，その先に待っていたのは未曾有の世界的危機を引き起こしたリーマンショックだった。

では，もう一方の制度学派の企業理論，とりわけ本稿ではその頂点に位置すると評価したドラッカー理論はどうであろうか。日本でのブームとは裏腹に，この間の企業の現実を見る限り理論通りの展開を示しているとは言い難い。それは新自由主義思想の嵐が世界的に吹き荒れ，企業がその方向に大きく舵を切ったからに他ならない。そして，ドラッカーが提唱したような年金基金社会主義は，ある面では期待を大きく裏切られた。所有は個人所有から機関所有へと転換したが，企業の大株主として浮上してきた年金基金は必ずしも彼が期待した通りの長期的視点からの健全な投資行動をとるとは限らず，投資ファンドの登場で社会は益々投機家資本主義と呼べるものになっていったからである。それと同時により根本的には，ドラッカーは資本制生産社会の理解が不十分であり，結局マルクスの資本論の手の内で踊っていたことに自ら気づいていなかった（三戸 2011）。

VI. 21世紀の企業理論に向けて

20世紀の企業理論の展開は，一言で言えば経営学＝制度的企業観から経済学＝契約的企業観へということであり，換言すれば財産の終焉から財産の復権へという流れであった。しかし，21世紀を迎え，世界は「リーマン」，「ギリシャ」，「フクシマ」を経験し，今や歴史の転換，文明の転換を意識せざるを得なくなってきている。経営学はこれにどう向き合うのか。すでに見てきたような企業理論の経済学化をそのまま容認しているようでは，経営学の存在意義はなくなってくるのではなかろうか。少なくとも経済学の発想ではこの危機を乗り越えることはできないであろう。

では21世紀の経営学は如何なるものとして展望すればよいのであろうか。この問いに直ちに明快な答を出すのは難しい。例えば，制度派経営学の主峰であるドラッカー理論にもう一度立てというだけでは説得的な議論にはならないであろう。問題は3点に纏められるように思われる。

第1は，資本制生産社会は資本の論理が依然として支配する社会だということである。ドラッカーはそれを見誤った。そうであればリーマンショックに限らず，放っておけば資本の暴走はいつでも起こりうる。とりわけ第4の資本形態と言われるファンドの規制をどうするかは世界的な課題であろう。アメリカでは金融規制改革法（ドッド・フランク法）が通過したが，世界がこの問題とどう向き合うのか今後の展開が注目される。

　第2は，企業概念の再定義，あるいは再構築が必要ではないかということである。本稿でも巨大株式会社を中心とする企業理論を見てきたが，はたしてそういう視点だけで良いのであろうか。大企業を含めてもっと多様性のある企業の在り方，組織の在り方が可能ではなかろうか。例えば，経済価値と社会価値を同時に追求し，それぞれを最大化しようとする共益企業（for-benefit enterprise）が今注目されている（DIAMOND ハーバード・ビジネス・レビュー 2012）。すでにアメリカやイギリスでは，「コミュニティ・インタレスト・カンパニー」「限定利益合同会社（L3C）」「ベネフィット・コーポレーション」「フレキシブル・パーパス・コーポレーション」といった新しいタイプの企業がいくつも登場している。また，ドラッカーも力を込めて分析していた非営利組織（NPO）が今回の東北の震災で大きな力を発揮したことなどはもっと注目すべきであろう。さらに生協のような地域に密着した協同組合組織もある。こうした組織の成長は，21世紀の「企業」の意味を改めて問い直す大きな契機になるのではなかろうか。第3は，やはり巨大な経済力を誇り，社会的な影響力が大きいのは依然として大企業であり，これをどう位置づけるかである。これに関しては，今またドラッカー理論を支持する論考が見られる。ハーバード・ビジネススクールのカンター教授は，社会目的と経済価値を両立させ，長期志向を実践する「グレート・カンパニー」は「制度の論理」（institutional logic）で行動していると論じている。また，BOPビジネスとして低価格で栄養価の高い食品を発展途上国で供給するダノン（フランス）やネスレ（スイス）なども，やはりそうしたグレート・カンパニーと呼べるものではなかろうか。ダノンは株主を説得し，長期的視点に立ってビジネスを展開しているのが特徴である。

　何れにしろ21世紀は，生命，自然環境，地域社会を重視し，それがまた企

業の持続につながるような事業経営が行われない限り，企業はおろか人類そのものの生存も危うくなろう。新しい企業理論の構想が求められている。

参考文献

Berle, A. A. and Means, G. C. (1932), *The Modern Corporation and Private Property,* Macmillan.（北島忠男訳『近代株式会社と私有財産』文雅堂銀行研究社，1958年。）
Coase, R. H. (1988), *The Firm, the Market, and the Law,* University of Chicago Press.（宮沢健一・後藤　晃・藤垣芳文訳『企業・市場・法』東洋経済新報社，1992年。）
Drucker, P. F. (1942), *The Future of Industrial Man: A Conservative Approach,* John Day Co.（上田惇生訳『産業人の未来』ダイヤモンド社，2008年。）
Drucker, P. F. (1946), *Concept of the Corporation.*（上田惇生訳『会社とは何か』ダイヤモンド社，2008年。）
Drucker, P. F. (1950), *The New Society: The Anatomy of the Industrial Order,* Harper & Brothers.（現代経営研究会訳『新しい社会と新しい経営』ダイヤモンド社，1957年。）
Harvey, D. (2005), *A Brief History of Neoliberalism,* Oxford University Press.（渡辺　治監訳，森田成也・木下ちがや・大屋定晴・中村好孝訳『新自由主義―その歴史的展開と現在―』作品社，2007年。）
Jensen, M. C. and Meckling, W. H. (1976), "Theory of the Firm: Managerial Behavior, Agency Costs and Ownership Structure." *Journal of Financial Economics,* 3: pp. 305-360.
Demsetz, H. and Lehn, K.(1985), "The Structure of Corporate Ownership: Causes and Consequences," *Journal of Political Economy,* 93: pp. 1155-1177.
Williamson, O. E. (1975), *Markets and Hierarchies: Analysis and Antitrust Implications.*（浅沼萬里・岩崎　晃訳『市場と企業組織』日本評論社，1980年。）
特集：「「チェンジ・ザ・ワールド」の経営論」，「DIAMOND ハーバード・ビジネス・レビュー」，2012年3月号。
磯谷明徳（2004），『制度経済学のフロンティア―理論・応用・政策―』ミネルヴァ書房。
片岡信之（2011），「危機の時代と経営学の再展開」経営学史学会編『危機の時代の経営と経営学』文眞堂。
菊澤研宗（2004），『比較コーポレート・ガバナンス論』有斐閣。
菊澤研宗（2006），『組織の経済学入門―新制度派経済学アプローチ―』有斐閣。
佐々野謙治（2003），『ヴェブレンと制度派経済学―制度派経済学の復権を求めて―』ナカニシヤ出版。
高橋公夫（2011），「グローバル時代における経営学批判原理の複合」経営学史学会編『危機の時代の経営と経営学』文眞堂。
ロナルド・ドーア（2011），『金融が乗っ取る世界経済』中公新書。
正木久司（1983），『株式会社支配論の展開（アメリカ編）』文眞堂。
正木久司・角野信夫（1989），『経営学―人と学説―バーリ』同文舘出版。
三戸　公（1966），『アメリカ経営思想批判―現代大企業論研究―』未来社。
三戸　公（2011），『ドラッカー、その思想』文眞堂。

3 企業の責任化の動向と文明社会の行方

岩　田　　　浩

I．序言——問題の所在と分析の視点——

　2001年9月11日にアメリカを突如襲った同時多発テロの衝撃で幕が開いた21世紀は，この間，世界各地で頻発する甚大な自然災害に加えグローバルな経済危機にも見舞われ，社会全体に言い知れぬ不安感，不透明感とともに閉塞感を漂わせてきた。そして，このようなテロリズム，天災地変，世界的不況に具象されるカタストロフィーへの脅威が強まるとともに，「文明の転換」を求める声が一段と大きくなってきた。言うまでもなく，ここで見直しを迫られる文明とは，今もなおわれわれの思考や行動様式に多分に影響を与えている20世紀に開化した文明社会であり，それは企業経営のめざましい進展によって築かれたものにほかならない。そうであれば，文明の転機を迎え，ここで企業経営が社会に及ぼした功罪について振り返り，真摯に検討を加えることは，経営学にとって時宜を得た1つの重要な研究課題になってこよう。それはまた，来るべき社会を切り拓く経営のあり方を洞察する契機にもなるはずである。

　本稿の目的は，このような問題意識に立って，企業と社会との動態的な関係性について些少の歴史的・学史的考察を加え，現前する文明社会の光と影を浮き彫りにしたうえで，その影の部分を乗り越え，より良い社会の実現に資する企業経営のあり方を洞察していく道筋を探求することにある。その際，ここでは「企業の責任化の動向」，すなわち企業がその経営活動において直面した切実な社会的諸課題に対していかに応答（response）してきたか，を反省的に捉え直すことを分析の視点に据えることにしたい。そのためには，当然，企業の社会的責任や経営倫理の研究動向，いわゆる「企業と社会（Business and Society)」と呼ばれる研究群に関心を向けなければなるまい。したがって，ここでは，こうした研究動向に注視しながら論を展開することにしよう。

　まずは，その学史的考察に入る前に，やや迂遠にはなるが，20世紀文明の成り立ちを企業経営との関連で，ごく簡単に振り返ることから始めよう。

II．20世紀文明の開化と企業経営
――「企業と社会」研究への前哨――

1．アメリカ文明の開化――20世紀初期のアメリカ経済社会の情景――

　新たな文明は，過去の文明からの連続と不連続が交錯する中から生まれてくる。そうであれば，20世紀文明の始原は，19世紀西欧の近代文明を与件として受け止め，そこに大衆化を加え，資本主義を大きく発展させた同世紀初期のアメリカに求められよう。

　周知のように，アメリカは，西欧近代化の流れを受け，南北戦争後（1865年）の約半世紀の間に未曾有の経済成長を遂げることで，来るべき大衆消費社会の基盤を逸早く形成していった。この間，同国では，1890年のフロンティアが終焉した後も，移民の急増，鉄道建設ブーム，さらには都市化の急激な進展が相俟って，国内の市場規模は飛躍的に拡大した。当然，このように肥大化した消費市場は，勢い工業化・商業化を加速させ，その結果，同国は20世紀転換期には世界一の工業生産力を誇るようになった。

　このような経済情勢を背景に，当時アメリカでは，効率化による規模の経済を目的とした企業合併の動きが盛んになった。この動向は，企業規制が強化された「革新主義の時代」（1900～20年頃）にも衰えることなく続いた。やがて，第一次大戦への参戦を機に革新主義が後退すると，その後樹立した共和党による長期政権（1921～33年）は，自由放任主義に依拠した財界優遇政策を強化したため，企業の大規模化は一段と加速し，株式の分散化・大衆化による「所有と経営の分離」が顕著に進行した。こうして，旧来の個人的な土地財産に代わり，「非人格的な巨大企業，組織体の発展が全人の思考と意志と行動に広く影響を及ぼし，物事の枠組みを決めていく『人間関係の新たな時代』」（Dewey 1991, p. 107），いわゆる「組織の時代」がこの地アメリカで

幕を開けたのである。

　こうして大規模化した企業組織は，当時の活発な消費市場の要請に応えるべく，高度な機械と技術を駆使して，標準化・規格化されたモノを大量に生産し販売していった。この大量生産によってもたらされたコスト低減は，労働賃金を引き上げ，大量消費を引き出し，それが新たな大量生産を引き起こす。ここに，大量生産方式の恒常的な経済的成長を促す循環が成立することになった。それとともに，一般大衆もまた，生活の機械化を甘受し，技術信奉を高め，大量生産によって生み出された画一的なモノを消費することで，情緒的満足を充たしていった。いわゆる「大衆消費社会」の到来である。こうした工業化の進展と生活様式の機械化（自動車や家電製品の普及）が相俟って，石油と電気に依存する新たな文明社会の基盤が築かれてきたわけだ。このようにして，概ね20世紀転換期から1920年代にかけて，「人間精神の非人格化」の兆候を具現化する「数量化・機械化・標準化」（Dewey 1999, p. 12）によって規定されたアメリカ文明社会の輪郭が形成されていくのである。ここに，産業文明，時に機械文明や科学技術文明とも言われる20世紀文明の萌芽を見出すことができよう。

　ところで，当時ジョン・デューイは，この繁栄を，機械と貨幣の新しい結合からなる「貨幣文化（money culture）」として捉えて見せた（Dewey 1999, p. 5）。そこでは，極端な経済的決定論と経済的自由主義が蔓延り，経済的価値以外の諸価値（精神的・道徳的価値）が背後に押しやられ，物質主義・拝金主義的な行動様式が一義的に重視される風潮が見られた。当然，経済的競争も熾烈さを増し，所得格差は拡大していった。富は，金融や産業の統帥に代表される一握りの人々に集中したものの，大量生産方式の中に組み込まれ，機械の一部に成り果てた多数の労働者には届かなかった。このように，経済的価値を最優先に据えたアメリカ文明は元来，社会的分断を引き起こし，個人のアイデンティティを失わせうる非情な一面をも宿していたのである。

　もっとも，極端な富の偏在の上に成立したこの時期の繁栄も，1929年の「大恐慌（The Great Depression）」によって幕を下ろすことになる。だが，それは，アメリカ文明の終焉を意味するものではなかった。むしろ，その影響が世界規模で拡がるのは，第二次大戦以降なのである。

2．アメリカ文明の普遍化——危うさを孕んだ20世紀文明の栄華——

　1930年代の大量失業を教訓に，アメリカ政府は，第二次大戦の終焉以降，完全雇用をめざしてケインズ的経済政策を採用し，労働者の交渉力を強化し，社会保障を提供し，公共事業を拡大していった。その結果，所得を急増させた中間層が拡大し，大規模な消費市場が形成されることになった。こうした状況の下，企業は，先の大戦時に開発・蓄積された軍事技術の民生部門への移行を追い風に，技術革新を敢行し，次々と新製品を開発・量産化することで，この中間層を核とする旺盛な購買意欲に応えていった。このように，中間層の拡大を受けて，大量生産・大量販売・大量消費の循環が本格的に確立されたことで，アメリカは戦後から四半世紀に亘り長期的な経済成長を遂げることができたのである。いわゆる「大繁栄時代（The Great Prosperity：1947〜75年）」の到来である（Reich 2011, pp. 42-50）。

　この間，アメリカは，新たなヘゲモン国になった自覚と冷戦下の政治的思惑から，潤沢なマネーを背景に，西欧と日本の戦後の経済復興を全面的に支援し，また発展途上国に対する積極的な技術援助も惜しまなかった。このように，政治・経済両面でその影響力が世界的に強まる中，先進国や中進国の間ではアメリカ的な生産様式や生活様式が急速に普及・浸透していった。それとともに，これら資本主義諸国でも，アメリカを追随する形で，経済的成長と物質的豊かさが享受されるようになってきた。このようにして，アメリカ文明は普遍化し，20世紀文明の象徴へと成りえたのである。だがしかし，戦後の世界経済の繁栄を先導した，この文明の普遍化は，そこに潜む負の部分を世界規模で背負い込むリスクをも同時に孕んでいた。実際，先進国の間で栄華を誇った20世紀文明も，60年代に差し掛かると，種々の問題を露呈し始めてきたのだ。

　折しも，このような文明の歪みが散見し始めた頃，企業と社会の良好な関係改善をめざして経営学に新たな研究領野が現れてきた。いわゆる「企業と社会」と呼ばれる研究である。以下の考察では，この研究領野に些少の学史的検討を加えることで，移り行く文明社会における企業の責任化の動向を探ることにしたい。まずは，その初期の趨勢である企業の社会的責任論から考

察することにしよう。

Ⅲ．社会的責任論の展開──20世紀文明の光と影が交錯する中で──

1．社会的責任論の生成

　数量的世界観・近代的自然観を前提とする近代合理主義を背景に，産業革命以降，企業経営の発展は社会の繁栄に大きく貢献してきた。実際，現代の物質的・経済的に恵まれた社会生活は，高度に合理的なテクノロジーを駆使して大量生産・大量販売を追求してきた企業経営によってもたらされた結果にほかならない。そして，こうした経済的繁栄を根拠に，少なくとも1960年頃までは，「株主への責任を前提に社会に対し有用な製品・サービスを提供して利益を獲得することが企業の責任である」といった観念が広く信じ込まれてきた。しかしながら，このような通念も60年代に差し掛かると，これまでの企業経営が招いた種々の社会問題や社会運動によって大きな変容を迫られることになった。その最たるものが，企業の大量生産活動の結果生起した「公害」問題であり，それは従来の経済合理主義に偏向した経営行動に反省を迫る大きな動因になった。また，企業経営がもたらした「豊かさ」が，人々の欲求をより高次なものへと移行させたことも，消費者運動や住民運動を始めとする種々の社会運動を盛り上げる呼び水となり，企業経営に少なからぬ圧力をかけるようになった。

　このような社会情勢の変化を受け，企業は単に経済的問題のみならず，それが引き起こした社会的問題の解決にも応じる責任があるといった議論が普及していった。経営学において台頭したこのような論調が，企業の社会的責任論を本格的に始動させたのである。そこでは，その肯定論の立場から様々な論拠（例えば，① 社会的権力は社会的責任を伴う，② 社会的責任の自発的・積極的受容は政府の干渉や規制よりも望ましい，③ 自発的な社会的責任は経営者に他の社会的諸集団の正当な主張や権利を承認し受け入れることを要請する，④ 企業の社会的責任は法令遵守ならびに市場規則の遵守を求める，⑤「啓発された利己心」の態度は社会的責任を負う企業に長期的な利益観をとらせる，⑥ あらゆる企業が社会的に責任ある態度をとるなら，経済的・社会的・

政治的安定性が高まり，ひいては私企業体制に向けられる批判の程度も弱まる）が示され，企業が広く社会に対して責任を負うことの必要性ないし正当性が説かれてきた。

　これらの主張から見て取れるように，初期の社会的責任論の論調は概して，企業が保持してきた社会的影響力を擁護し，その裁量権を維持していくための理念的な理由づけとして講じられる傾向にあった。だが，こうした理論傾向に対しては当初より反発も強く，リバタリアンの立場から社会的責任否定論が唱えられたが，やがて，その批判は急進的な社会的責任肯定論者の間にも現れてきた。これらの論者は，従来の社会的責任論が抽象的・理念的なレベルで展開されたため，さほど実践的な意義を見出しえなかったことへの反省から，社会的責任の概念はより実践的意味合いをもつ「社会的感応（social responsiveness）」に道を譲るべきである，と迫ったのである。この1970年代半ばに現れた肯定論の立場からの批判が呼び水になり，社会的責任論は新たなステージを迎えることになった。いわゆる「企業の社会的パフォーマンス（Corporate Social Performance: CSP）」理論の台頭である。

2．社会的責任論の新展開——CSP 理論の貢献と限界——

　CSP 理論とは，社会的責任の問題を経営活動全体との関係性の中でより実践的・政策的に捉えようとする学説であり，「企業と社会」研究の第2期に相当する。この概念を企業の「社会的正当性」を分析するための枠組みとして類型論の形で逸早く提示したのはS．プラカシュ・セチであるが，それを「三次元的概念モデル」の形で初めて体系的に捉えたのは，アーキ・B．キャロルであった。彼によると，CSP は「① 企業の社会的責任が評価され，② 企業が取り組まねばならない社会的課題が識別され，③ そうした課題への社会的感応様式が選択される」（Carroll 1979）ことによって達成される。その後，この彼のモデルが1つの理論的な礎石となり，80年代にかけて CSP に関する様々な理論が展開されるようになった。ここでは，これら諸理論に共通して見られる特徴を以下の4点に纏めておこう。

　第1に，CSP 理論では，経済的責任（公正な利潤の追求），法的責任（コンプライアンス）ならびに狭義の社会的責任（倫理的・自由裁量的責任）を包

摂した広義の社会的責任概念が提示されることで，経済的利潤と社会的責任を同時的に追求する傾向が見られる。

第2に，社会的責任の理念と政策とを結合する媒体として「社会的感応」概念を導入することで，社会的責任の実践に向けてより現実的で説得力のある理論が展開されている。

第3に，社会的責任を果たすための具体的政策を提示する傾向が顕著である。すなわち，社会的感応の段階でなされた分析を手掛かりに，社会に貢献しうる経営政策を具体的に示すこと（例えば，PR・広報活動の強化，製品・サービスの安全性に向けての保全体制，公害対策の徹底化など）で，企業の社会的応答能力の向上を図ろうとする姿勢はCSP理論の真骨頂であり，急進的な社会的責任肯定論の流れを汲むところでもある。

そして第4に，CSP理論の方法的立ち位置は，実践志向的・行為志向的・結果志向的であり，道徳性の問題に立ち入るのを避け，そのような価値判断に囚われることなく，企業が社会的要求に対して迅速に応答する技術や仕方を学習することに重きを置く傾向にある。ここに，社会的責任論の焦点が「なぜ」という問題から「いかに」という問題に移行したことが見て取れる。

要するに，CSP理論とは，経済合理的な企業活動がもたらした社会的諸問題に対する反省に立って，「社会的感応」の概念を軸に社会的責任の具体的な政策を提言することによって，観念論や抽象論に陥る傾向にあった従来の社会的責任論を行為のレベル，管理のレベルで展開し直そうとしたものである，と言えよう。その意味で，それは「企業と社会」の研究領野における1つのエポック・メーキングな潮流をなしたのである。

だがしかし，「価値自由」の立場から，主として社会的問題に対する現実的対応を謳ってきたCSP理論の隆盛は，それ程長くは続かなかった。80年代に入り，企業を取り巻く政治的・経済的情勢は，公的部門の肥大化，財政赤字の拡大に加え，経済活動の沈滞化に苦しむ先進国がネオ・リベラリズムを標榜する「小さな政府」を唱え，規制緩和を大胆に敢行し，市場の自由化を積極的に推進する方向へと大きく舵を切り始めたのである。こうした政策転換は，企業と社会との接点を拡大した反面，両者の価値の対立を生み出す蓋然性を高めることにもなった。そこに地球規模での環境問題の深刻化も加わり，

企業の現前には，道徳的な推論や省察を伴う難題が勢い浮上してきたのである。このような情勢の変化に対し，「自然と人間」，「価値と事実」の峻別といった近代的二元論に立ったCSP理論では，もはや十分な対応が難しくなってきた。ここに，CSP理論の限界が浮き彫りになり，新たな理論展開への期待が一気に高まってきた。「経営倫理学」という名の「企業と社会」研究における第3幕は，こうして開かれたのである。

IV．経営倫理学の展開と文明社会の転機
―― 激動の20世紀末の中で ――

1．揺籃期の経営倫理学 ―― その方法的特徴 ――

1980年代に入り社会全般にモラルを問い直す機運が高まる中，現代社会が直面する重大な諸問題に対し倫理学が錬成してきた知見を用いて応答しようとするディシプリン，いわゆる「応用倫理学」（通常それは「生命倫理学」や「環境倫理学」など肩書付きの倫理学の総称であるとされる）が英語圏を中心に台頭してきた。その影響は，企業と社会の関係をめぐる議論にも及び，多くの応用倫理学者達が倫理学的見地から企業経営の正当性を探究する動きを強めていった（Cf. DeGeorge 1991）。経営倫理学の研究は，このように応用倫理学の色彩を濃厚に帯びた形でアメリカを中心に生成してきたのである。以下，その方法的特徴を概観しておこう。

揺籃期の経営倫理学では，概して「経営実践の中でどのような基準に立てば道徳的に望ましい行動や政策が可能になるか」といった道徳的意思決定の拠り所となる基準（道徳基準）に関する考察に焦点が当てられてきた。そこで主として用いられた手法は，規範倫理学の知見に依拠したものであった。一般に，規範倫理学では，道徳的価値に関する判断の第一次的な照準点は，「目的論（teleology）」と「義務論（deontology）」に二分される。前者は，行為の道徳的価値は唯一その行為が生み出す結果の良し悪しで評価されなければならないという主張であり，帰結主義とも呼ばれる。他方，後者は，道徳的価値を行為の結果に還元するのではなく，行為そのもののあり方にその本質的価値を求めなければならないという主張であり，結果よりもむしろ動機が

重んじられる。初期の経営倫理学では，これら2つの視点から3種の基準（功利主義・権利・正義）を導出し，それらを道徳的判断の基準として選択的に適用しようとする手法が取り入れられた。換言すれば，そこでは，規範倫理学における行為の判断基準の議論を応用することによって，あらゆる経営状況に普遍的に妥当しうる道徳基準を求め，それを個別具体的なケースに外挿的に適用しようとする試み（「一般原則の特定状況への演繹的ないしトップダウン方式による適用」）が示されたのであった（Geva 2000, p. 774）。

このような応用倫理学的見地に立脚した研究方法は，主として従来の社会的責任肯定論者を中心に積極的に採用され，経営政策の倫理的適正を演繹的に引き出すための手法として「企業と社会」の研究領野に広く浸透するようになった（Cf. Frederick et al. 1988, 高田 1989）。こうして，この領野の新たな趨勢として経営倫理学が確立されてきたのである。その台頭は，おそらく，当時の実業界における経営倫理の社内制度化（例えば，倫理綱領の策定，倫理担当役員の創設，倫理法令遵守体制の強化，倫理監査の導入など）を推進する理論的裏づけとしても寄与しえたであろう。だがしかし，90年代に差し掛かり，こうした企業の倫理化と逆行するような産業文明の歪みが露わになるにつれ，初期の経営倫理学的手法も次第に批判を受け始めてきた（Cf. Stark 1993）。では，世紀末を迎え，「企業と社会」の研究領野（特に，その現今の趨勢である経営倫理学）に反省を迫る，どのような問題が現前化してきたのだろうか。瞥見しよう。

2．20世紀文明の黄昏――経営倫理学に立ちはだかる難題――

周知のように，先進国において財政悪化と経済の沈滞化を打破するために推進された，規制緩和による経済と金融の自由化は，情報化の進展と相俟って，市場経済のグローバル化を勢い加速させた。その結果，企業経営が主導してきた20世紀文明の普遍化は一段と進行し，先進国のみならず中進国においても物質的豊かさと経済的成長が享受されるようになった。だが反面，このグローバル化の進展は，経済的価値を最優先に据えた「貨幣文化」にまつわる深刻な諸問題を蔓延させることにもなってしまったのである。

例えば，大量廃棄を伴う資源・エネルギー多消費型の大量生産方式の普遍

化は，環境問題（資源・エネルギー問題や環境汚染）のグローバル化を導き，人為的環境破壊の問題をより深刻かつ複雑なものにしてしまった。地球環境の劣化は，そこに住まう人間の人格形成の基盤を奪うばかりか，人類の生存をも確実に脅かしている。

　また，市場経済の拡大に伴う企業組織の大規模化は，労働者の組織依存度を一段と高め，組織合理性を達成するための組織人間を大量に創出するようになった。組織から課された厳格なノルマやマニュアルは，労働者から主体的に思考し判断する能力と機会を剥奪するばかりか，過大な精神的・肉体的な圧力ともなり，精神疾患や悲惨な過労死を生み出す温床にもなっている。

　さらに，近年の欧米を始めとする先進国企業の開発途上国への進出の裏では，進出先の法制度の不備をついた公害輸出や不当労働（児童労働，長時間労働，労働者虐待など）が続発してきた。こうした問題が各種情報メディアを通じて世界中にリアルタイムで露見することで，大規模な不買運動が展開され，ひいてはそれが地域間・民族間の価値の対立を煽ることにもなった。その意味で，経済のグローバル化は，労働人権問題のグローバル化と同時に文化的価値の対立の尖鋭化をも孕んでいるのである。

　そして，このような経済の自由化の流れの中，90年代に入ると，金融とITを融合させた金融工学がアメリカを中心に台頭し，様々な金融派生商品が世界中に売り出されることになり，金融業が製造業に代わり経済成長を支えるようになっていった。だが，こうした金融主導型の経済成長への移行は，経済を活性化させた反面，貪欲な拝金主義的風潮を強め，異常な投機的状況を生み出し，経済的格差の拡大による社会の分断化を助長することになってしまった。まさに，かつてデューイが憂慮した「貨幣文化」の暗部（人間の本来有する多様な価値を経済的価値に縮減し，道徳的・精神的価値を背景に追いやりながら，一方的に金銭取得に邁進する状況）が，ここによりラディカルな形で再現されてきたのである。

　このように，飽くなき経済成長を追求してきた20世紀文明は，ここに来て，経済的価値に囚われた視野の狭い自己利益中心的な行動を蔓延らす一方で，環境問題を深刻化させ，労働の人間性の問題を拡大し，格差問題や文化的対立の問題を尖鋭化させることになってしまった。そして，金融の暴走を許し

てきた挙句の果て，陥ったのが2008年9月のリーマン・ショック以降の断続的な経済危機であったわけだ。加えて，ソブリン債危機も今なお燻り続けている。こうした未だ出口の見えない閉塞状況の中，現代文明は大きな節目を迎えたようだ。

3．反省を迫られる経営倫理学——文明の転換点に立って——

もちろん，経営倫理学にとっても，「企業と社会」研究の一翼を担う以上，これら企業経営が少なからず関与してきた文明論的諸問題を見過ごすわけにはいかない。しかしながら，その従来の研究手法では，こうした問題に対処するのは至難になるであろう。なぜなら，そこに潜む個人主義的人間観，明確な自然観の欠如，既存の道徳原理の演繹的・機械的な適用方式では，現今の環境問題への有意味な指針も提示できず，さらには，公共的問題に絡む共通善の実現に向け社会的討議を重ねながら経営の道徳的価値を創造していく論理を展開することも難しいからだ。要するに，倫理学の抽象的形式に関心を寄せる傾向にあった従来の経営倫理学の方法では，現代文明が抱える諸問題に対して十分に応答することが困難であると考えられるのである。ここに，文明の転機を迎え，経営倫理学は，従来の方法論的反省の上に立って，抜本的な見直しを迫られることになる。おそらく，そこでは，現下の問題状況を乗り越え，より良い社会の実現に資する企業経営のあり方を探究していくための道筋をつけることが要請されるはずだ。そこで，その手掛かりを求め，文明の転換を予感させる動向に暫し目を向けながら考察を進めることにしよう。

V．結言——文明社会の行方と企業経営のあり方——

企業経営の進展によって築かれた20世紀文明，それは人間社会に功罪両面にわたり大きな影響を与えてきたが，今日その影（負）の部分が顕著になってきた。だが，それとともに，より良い社会の実現に向け，文明の転換を求める兆しも散見されるようになってきた。ここでは，稿を結ぶに当たり，そうした転換の兆しを幾つか取り上げ，企業がそれらとどのように向き合うべ

きか，その若干の見通しを記すことで，「企業と社会」の新たな理論展開への糸口を探ることにしよう。

周知のように，その転換の兆しを最もアクチュアルに表出するのが，20世紀文明を支えてきた「近代主義」に対する懐疑の拡がりと，それに伴う環境意識の高揚であろう。人間の自由と欲望を無限に拡張し，理性と技術への揺るぎない信頼によって飽くなき合理性を追求するという「近代主義」の思想は，工業化と連動することで，大量生産・大量消費型の産業主義を成り立たせた。それにより，20世紀文明は，経済的繁栄を手にしたが，その一方で自然に対する畏怖心を失い，自然をあたかも人間の欲望を充足するための道具のごとく搾取してきた。その帰結が，現代の深刻な環境問題だとすれば，その克服なしに来るべき文明を描くことはできない。そのためには，科学技術的な対応だけでなく，近代主義に囚われた従来の自然観の見直しが強く求められるはずだ。環境倫理への社会的関心の高まりは，その端的な現れである。いずれにせよ，このような近代主義への懐疑を背景に生成した生態学的意識の変容は，文明の転換を迫る1つの契機になるに違いない。そうであれば，20世紀文明に与してきた企業は，このような趨勢と反省的に向き合い，近代的自然観から脱却し，自然の循環的秩序の中で生き／生かされているという観念を経営理念に深く刻み込まねばならないであろう。近年注目されてきた環境志向経営，例えば，LCA（Life Cycle Assessment）の観点に立って生産・販売・廃棄が自然の循環に収まるような環境保全型の経営体制の確立（Welford and Gouldson 1993, pp. 141-146）も，こうした理念を前提としない限り，決して本格化しえないように思われる。

また，先進国を中心に台頭した新自由主義によってもたらされた社会の分断化と孤立化が進行する中，公共性とそれを土台に形成される民主主義の再構築をめざす機運が高まってきたことも看過できない兆候であろう。それは具体的には，公共性の復権を「新しい市民社会」の形成に求めることで，これまでの代議制民主制とは別様のパースペクティヴを描こうとする運動に端的に見て取れる。このような，強制力を行使しうる国家とも飽くなき利益を追求する市場経済とも区別された，多様な中間団体や社会運動のネットワークとしての「市民社会」の運動は，新たな政治の担い手として，国家や経済

に対し対抗的であると同時に補完的な関係を保持することによって，その影響力をますます強める傾向にある。それとともに，「民主制の複線化」（篠原 2004，155-157頁）も模索され始めてきた。こうして見ると，このような政治的趨勢は，民主的公共性が担保された，新しい社会に向けての実践的転回であると言えなくもない。当然それは，「政治的消費主義」（橋本 2009，164-165頁）と呼ばれる運動にも波及するであろう。だとすれば，「良き市民性」を真に追求せんとする企業は，こうした市民社会の民主的意志形成に埋め込まれた存在であることを自覚したうえで，社会的課題の解決に向け，明白な公的討議に参加することを通して，その道徳的正当性を確保していかなければなるまい。その意味で，アンドレアス・G．シェーラー達が指摘するように，これからの企業の社会的対応には「所与の社会規範に暗黙裡に追従することから公的な政治的意志形成過程に明白に参加することへの転換」（Scherer and Palazzo 2007, p.1106）が求められるようになるかもしれない。

　さらに，文明の転換の兆しは，近代主義に駆られた20世紀文明がひたすら追求してきた成長至上主義経済の陰りにも見て取れよう。すなわち，物質的な豊かさを達成した先進国を中心に，産業主導型の成長はもとより金融主導型の成長にも限界が見えてきたわけだ。世界を覆う現下の経済不安は，このことを如実に物語っている。このように，経済の成長が臨界を迎えつつある今，もはや効率性や市場競争主義といった経済的価値をことさら優先し続けることは難しい。文明の転換が問われるゆえんである。おそらく，次代の成熟した社会では，より質の高い文化的な生活を求め，社会的基盤の整備に一層重点が置かれるであろうが，その実現には，個々人が経済的価値に囚われた偏狭な自己中心的行動を改め，「教養」すなわち，公共圏の中で責任ある良識的判断を下せるように知性を公共的に磨き，人格の向上をめざしていく不断の営み，を身につけていくことが要請されるであろう。上述した生態学的意識や市民意識の高揚は，経済的利己主義から教養主義への移行を暗示する証左と言えまいか。だとすれば，これからの企業経営においても，人間の個性の発展が経済的価値以外にも多面的かつ調和的に向かうように，人格形成の拠って立つ教養理念を打ち立て，社会的に意味のある製品・サービスの提供や人間の尊厳・人権を侵害しない管理体制の徹底化などを通して，それを

陶冶していかなければならないであろう。

　以上，ここでは，環境主義，討議民主主義，教養主義の胎動を軸に文明の転換の兆しを読み取ってきた。これら20世紀文明の陰りとともに顕在化した，従来の価値観，自然観，社会観ならびに政治のあり方を問い直す機運は，企業経営に過去を反省的に振り返り社会の未来を展望させるモーメントになるであろう。産業化の進んだ文明社会が精神と物質のバランスの取れたより高次の発展を遂げるには，企業がこうした時代の転換の兆しを鋭敏に感受しながら，従来の経営行動に反省を加え，来るべき文明社会に寄与しうる経営のあり方を絶えず探求することが要請されるのである。もとより，より良い社会をめぐり様々な意見が複雑に交錯する多元的な公共的空間の中で，企業が自然や社会とより良く共生するための方途を探求していく作業は，試論的な修正可能性に開かれた未完の実践的営為にならざるをえない。かつてケネス・R．アンドルーズも示唆したように，「ビジネス・リーダーは，相反する倫理観の間でバランスを図るための原理を自分の意志と経験，知性の中から見つけ出さなければならない」(Andrews 1989, p. 282) のである。こうして見ると，このようなプラグマティックな可謬論的改善主義を内包した企業の社会的実践に即して経営倫理学の再構成を図ること，ここに，来るべき「企業と社会」の研究領野に課された1つの重要な主題を見出せるのではなかろうか。

参考文献
Ackerman, R. W. and Bauer, R. A. (1976), *Corporate Social Responsiveness: The Modern Dilemma,* Reston.
Andrews, K. R. ed. (1989), *Ethics in Practice: Managing the Moral Corporation,* Harvard Business School Press.
Carroll, A. B. (1979), "Three-Dimensional Conceptual Model of Corporate Performance," *Academy of Management Review,* Vol. 4, No. 4 pp. 497-505.
DeGeorge, R. T. (1991), "Will Success Spoil Business Ethics?," in Freeman, R. E. ed., *Business Ethics: The State of the Art,* Oxford University Press, pp. 42-56.
Dewey, J. (1991), *The Public and Its Problems* (the original 1927), Swallow Press.
Dewey, J. (1999), *Individualism Old and New* (the original 1930), Prometheus Books.
Frederick, W. C. (1986), "Theories of Corporate Social Performance: Much Done, More to Do," *Working Paper Series,* No. 632, Graduate School of Business, University of Pittsburgh, pp. 1-48.
Frederick, W. C. Davis, K. and Post, J. E. (1988), *Business and Society: Corporate Strategy, Public Policy, Ethics,* 6th ed., McGraw-Hill.
Geva, A. (2000), "Moral Decision Making in Business: A Phase Model," *Business Ethics*

Quarterly, Vol. 10, No. 4, pp. 773-803.
Matten, D. and Crane, A. (2005), "Corporate Citizenship: Toward an Extended Theoretical Conceptualization," *Academy of Management Review,* Vol. 30, No. 1, pp. 166-179.
Reich, R. B. (2011), *After Shock,* Vintage Books.
Scherer, A. G. and Palazzo, G. (2007), "Toward a Political Conception of Corporate Responsibility : Business and Society Seen From a Habermasian Perspective," *Academy of Management Review,* Vol. 32, No. 4, pp. 1096-1120.
Sethi, S. P. (1975), "Dimensions of Corporate Social Performance: An Analytical Framework," *California Management Review,* Vol. 18, No. 3, pp. 58-64.
Strand, R. (1983), "A System Paradigm of Organizational Adaption to the Social Environment," *Academy of Management Review,* Vol. 8, No. 4, pp. 90-96.
Stark, A. (1993), "What's the Matter with Business Ethics ?," *Harvard Business Review,* May-June, pp. 38-48.
Wartick, S. L. and Cochran, P. L. (1985), "The Evolution of the Corporate Social Performance Model," *Academy of Management Review,* Vol. 10, No.4, pp. 758-769.
Welford, R. and Gouldson, A. (1993), *Environment Management & Business Strategy,* Pitman.
Wood, D. (1991), "Corporate Social Performance Revisited," *Academy of Management Review,* Vol. 16, No. 4, pp. 691-718.
秋元英一 (1995),『アメリカ経済の歴史』東京大学出版会。
秋元英一・菅 英輝 (2003),『アメリカ20世紀史』東京大学出版会。
高田 馨 (1989),『経営の倫理と責任』千倉書房。
橋本 努 (2009),「グローバルな公共性はいかにして可能か」飯田 隆他編『岩波講座 哲学10 —社会／公共性の哲学』岩波書店, 151-168頁。

4 産業経営論議の百年
――貢献,限界と課題――

宗像 正幸

I. はじめに

　過去百年の経営学論議展開の意義究明に「事業経営論」としての「工業経営論(学)」の視点から接近する。「事業」は近代の社会的分業の一翼を担い,社会的に規定された企業の客体的対象的側面と理解し[1],「事業経営論」の独自性は,「事業」特性を重視し,その運営主体との相互関連,相互作用の場として「経営(business; Betrieb)」を把握する点に求める。考察対象は生産の「事業経営」である「工業経営(Industrial Business; Industriebetrieb)」,狭義の「産業経営」に求め,特に20世紀産業発展の基軸であった自動車産業を中心とした「大量生産体制」論議に的を絞る。論議展開はひとまず「大量生産体制」の形成期(20世紀初頭から第2次大戦終了期),普及期(第2次大戦後から1970年代まで),変貌期(1970年代から世紀転換期)の3段階で把握し,各段階をシンボリックに代表する議論,学説のみを取り上げ,その特長,貢献と限界に関し,現時点で論者が強調すべきと見る論点を示し,結語で現時点における総括と今後の課題につき若干の私見を提示する。20世紀大量生産体制はアメリカが主導し,論議自体もアメリカを中心に展開した事情を踏まえ,考察の軸足はアメリカにおく。論議展開の整理には「労働とその管理」,および「製品とその開発・生産プロセス」(以下「製品とそのプロセス」とする)という,当該論議の二つの重要視点に留意している。

II．大量生産体制形成期——テイラーとフォード——

　20世紀前半は，帝国主義，世界大戦，階級闘争と社会主義革命，世界恐慌など激動と社会不安が支配した時代である。産業上は19世紀後半の鉄鋼，石油，化学など生産財生産部門の大規模化，独占形成，供給力増大の「受け皿」として，資源・エネルギーを大量に費消する消費財としての機械製品の量産体制（「大量生産（mass production）」形成期であり，アカデミズムとしての「経営学」の形成期とも重る。この時期の論議の代表者はテイラーとフォードである。論議は両者の「原典」を起点にアメリカから工業化諸国に体制を越え伝播し，20年代以降ドイツなど西欧諸国や日本の「産業合理化」の模範となり，成立直後の社会主義体制からの批判・摂取の的ともなった。

1．テイラーとフォードの基本的発想法と業績

　(1)　テイラーとフォードの基本的業績は，産業革命以来の工業化のシンボルであった「機械」とその設計原理（「機械原理」）」の効用を社会全般に及ぼすための基本様式となった科学的管理，大量生産の基礎，その生産・経営様式の基礎骨格を提示し，社会への定着と発展を実現する技術的・経済的・社会的・経営的基礎要因・条件を示し，20世紀産業社会の基本動向である大量生産を基礎とする産業発展を実現する基本的道筋を明らかにした点である。

　(2)　その思考の原点は，機械を1個限りの特殊な「発明物・作品」としてではなく，何個でも複製が可能で，何処でも誰でも利用可能な普遍的な「汎用機械」とすることによる効果に着眼し，その設計原理を製品のみならず，それを生産するシステム自体の形成にも適用し，機械の恩恵を普遍化し，社会に普及させた点である。その実現のために最重要の媒介原理として依拠したのは，近代科学の方法に準拠した「標準化」である。現実の複雑な生産実践から基本構成要素を摘出し，非合理的でムダと判断される要因を除去し，「最良」と判断される構成要素の態様，その最適集合を確定し，それを「標準規格」として普遍的に定着・利用させる原則と手法である。彼らは「機械」および「機械的構成物」の合理的「再現・複製」，「量産化」を可能にする「標

準化」の効果と実績を世界に示し，あらゆるムダを排除し合理的で普遍性をもつ標準的な機械，機械的構成物の再製可能性の追求と普及を通じ，産業経営の合理的基礎，現代社会の物質的基礎とそのインフラ確立に貢献した。

　(3) テイラーは主として「労働とその管理」の視点より接近し，機械工場のあらゆる個別作業の分析と徹底把握，その合理的標準作業への再構成，およびその管理標準への利用に基礎を置く課業管理の体系化を通じ，「管理と作業」職能の明確な分離による「科学的管理」の一般的原理と原則を樹立した。フォードは主として「製品とそのプロセス」の視点から接近した。複雑な機械製品を消費財としての「日用品」にするための，既存製品の分解，分析，最適部品の探求，ムダ排除と簡素化に向けた製品設計作業からスタートし，標準化された互換性部品から構成される「唯一最善」製品確定後は，その「量産化」のために大量動員される材料，機械と作業者の合理的活用のため，必要とされる全作業の類別，標準化と専門化，作業手順確定と工程分割・細分化を基礎とし，単能機と単能工の投入配置による逐次的連続的流れ作業を可能にする生産ライン形成という「大量生産」の基本骨格を明確にした。そしてこの原理の徹底には垂直的統合が効果的であり，この原理が自動車のみならず他産業に広範に適用できることを実績で示し，大量生産普及とその合理化のシンボルとなった。テイラーの「科学的管理」は，行うべき仕事・作業，工程の隅々までの分析データに依拠し，予め樹立した計画に基づいて正確に作業を統制し実現するという現代管理体制を通貫する基礎原理となり，フォードに象徴される「大量生産」の基本原理は，現代の自動化・情報化とかかわるシステムの基礎設計原理，処理原理の内に定在し，現代産業を支える「基礎インフラ」となった。[2]

2．テイラーとフォードの原典の意義

　テイラーとフォードの原著（註）には，長年にわたる彼らの産業実践から得られた豊富で多様，多側面の内容が盛り込まれている。その現代的意義は，彼らが「機械」と「機械原理」の効用に着目し，その原理を「経営」，「産業」の場で社会的経済的に実現するための形式的要件，方法のみでなく，その与件や，その効果を持続して最大限に活かすため留意点，諸要因，諸条件を，

認識，指摘している点である。その主要な示唆は以下の点である。

(1) 彼らの論述には，「機械原理」の「経営」への適用，その大量生産体制への展開の不可欠の与件となる，対象としている「事業」の特性に見合った技術的基礎要件の整備，維持，変革の意義に関する豊富な具体例を伴った説明が含まれている。テイラーはこのことを，機械生産の技術的基礎の改善強化を意味する金属切削技術の分析・改善・標準化・体系化と高性能化にむけた彼の技術的業績を科学的管理の与件として誇示，強調することで示し，フォードは彼の製品構想実現を可能にした材質の金属材料探索・発見・開発の意義，その製造プロセスにおける互換性部品の品質，精度維持確保のための技術的措置の重要性，その製造とかかわるあらゆる工程における流れの維持と速度向上，ムダ排除と結びつくプロセス革新の必要性，実績と効果を強調すること，などで示している（宗像 1989, 30-34頁，参照）。

(2) テイラーもフォードも「機械原理」の「経営」への社会的適用において，「課業管理」と「流れ作業組織」による従業員への機械的統制の基本的意義，必要性と効果を強調しているが，こうした技術的・物的な強制のみで「機械原理」の社会的効果が十全に確保されると見ていたわけではない。彼らは従業員の主体的なイニシアティブや能力発現による生産・経営改善の意義を否定せず，その活用を図ることの意義も認識している。テイラーは生産現場における労働者の能力向上の意義を認め彼らの改善へのイニシアティブや改善提案を歓迎し，その成果を課業管理のシステム内に取り込む方途を示唆している（Taylor 1911 / 1961, pp. 127-128，翻訳書，301-302頁）。フォードはより積極的に，「専門家」による硬直した実践方式の固執から脱却し，生産改善，経営改善への従業員すべてを巻き込んだムダ排除，改善活動の，大量生産経営発展への意義と効果を強調し（Ford 1922, pp. 100-102，翻訳書，133-136頁；1926, pp. 50-51，翻訳書，65-66頁），標準化と大量生産が陥りやすい経営の硬直化傾向を如何に回避し，経営の動態性と柔軟性を確保することに大量生産経営に携わるマネジメントの意義・役割がある点を指摘している（Ford 1930, pp. 27-28，翻訳書，646頁）。こうした彼らの主張は，その後の産業経営論議の焦点となった，職場の秩序維持要件と人的能力活用要件の関係と両立の可能性の問題および経営のフレキシビリティ問題の重要性（宗像 1989, 314-

315頁，322頁以下）を，彼らがその原点において「機械原理」の経営における社会的適用の効果確保の重要ポイントと認識していたことを示している。

　(3)　テイラーとフォードは「精神革命」，「フォード主義」の主張を通じ，労使協調と経営の社会貢献性を重視する産業指導理念を提唱している。その意義は①生産性向上の成果の労使間での分配による労使協調と製品を通じての社会貢献，社会還元が大量生産体制の社会的受容と持続的発展の基本要件であること，②分業の進展と労働内容の希薄化の進行する生産現場の労働問題への対応上，見失われがちな個々の労働の担う社会的意義・社会貢献性とその自己の生活向上への還元効果を衆知徹底することの必要性，③自己工場の従業者を自己製品の消費者にするという発想法に含意される，地域，国内市場の購買力，消費情況に応じ量産体制を形成し，経済的社会的に産業・企業が受容される要件を充たしつつ発展を図る大量生産体制の正常な発展軌道の提示，に求められよう。

3. テイラーとフォードの限界

　テイラーとフォードの経営実践上，学説上の貢献は，以上のように大量生産体制の形成期において，大量生産に基礎をおく経営が具備すべき基本要件と配慮すべき基本要因，事業特性，技術的，社会的，経済的要件など多方面にわたり，その基盤である生産領域を中心に，彼らのパイオニアとしてはじめて可能な豊富な実践経験と実績にもとづき社会に提示した点にある。しかし彼らは実践家であって理論家ではなく，その主張は内容的に整序され，理論化され体系化されたものとはいえない。そのこともあって，彼らの業績の理解・評価に関しては，「テイラリズム」，「フォーディズム」の理解，概念内容の多様性に見られるように，[3] その後多くの混乱，対立，論争を引き起こし今日に至っている。その豊富な内容を汲み取り現代的意義を体系的に整除する課題は今なお残されている。両者に内在するより根本的な問題，限界は，彼らの実践が彼ら個人の創意と強いイニシアティブによって主導され，その結果得られた彼らの主張，命題が，殆ど彼ら自身による個別体験，個別実績のみに依拠して導き出されており，他の経営実践事例との厳密で客観的な比較，命題の論理的整合性の吟味，成立条件の明確化など，学問的，科学的手

続きをふむことなく普遍的命題として把握され，その専断的無限定的な正当性が主張されている点に求められよう。

こうした彼らの姿勢，態度がその後その意図に反した労使間対立の激化などの産業問題，企業の採算性悪化などの経営問題を引き起こし，その評価の激しい変動の要因となったことは，歴史の教えるところである。

III. 大量生産体制普及期（第2次大戦後1970年代まで）

東西体制並立の状況下で，アメリカは大量生産体制の成熟期を迎え，西側工業化諸国はなべて「生産性向上と産業民主主義」を基軸に大量生産体制を推進し，大量生産・大量消費の現代的生活様式が定着・普及する。製造のオートメーション化が進展し，大戦期に開発された技術，技法の民間への普及が広がる。今世紀前半に成立した「経営学」は，アメリカを中心に「マネジメント」の学として発展し各国への影響力が強まる。この時代の産業経営論議の経験的基礎はフォード社からGM社に移る。論議の特徴をシンボリックに示し，この時代を代表する論者は，GM社の経営実践を経験的基礎として重視，評価し，巨大複合企業の合理的経営体制に関する所論を展開したスローン，ドラッカー，チャンドラーである。

1. スローン，ドラッカー，チャンドラーの論議の基本視点と基本命題

(1) 彼らの発想法の原点は「機械」ではなく「マネジメント」にあり，この時代に至り社会的に定着した専門経営者，管理者，その職能としての「マネジメント」の産業社会発展への経済的社会的貢献のその地位の正当性の論証に主張の基調がある。分析の焦点は大量生産の基礎構造からマネジメントが最も明確な機能を発揮する複合企業の「上部構造」に移行する。「マネジメント学」の発展を踏まえ，分析には，多くの経営実践的事例の把握を基礎に，複数大企業の経営比較研究から一定の客観性をもつ命題を引き出す学問的手法が採用され，研究内容の精緻化と理論内容の高度化が図られる。成長市場を与件に拡大志向の強かったフォード社との比較においては，成熟市場環境におけるGM社他の巨大企業の合理的なマネジメントの行動・組織の普遍的

パターンが端的には「多角化戦略」と「事業部制組織」として提示される。
　(2)　経営理念上は「適正利潤」追求の正当性が主張され経営の社会的貢献志向は後退する。「標準化」志向は継承されるが，専断的な「唯一最善」基準から合議による「適正」基準への変更，「技術的コスト効率」から「投下資本利益率」基準による資本効率視点が重視される。

2．「大量生産」論の特徴

　(1)　「大量生産」の技術的特性や基本構成よりも，マネジメント論の一環としての組織化問題（組織の分化と統合の問題として把握する傾向が強まる。大量生産を固定的に単一製品垂直統合化流れ作業生産とは見ず，変動する多様な環境に適合し，多様な幅の製品を多量に生み出す柔軟なシステムとしての新たなタイプの「大量生産」の意義が強調される。その基本内容は，互換性標準化部品の細分化と組織化を通じ，製品・プロセスの両面での製品多様化と仕様変更容易化を図り，さらに工程編成における統合化原理の緩和，分離効果を加えることによる，量産システムの柔軟性確保にあり，大量生産への柔軟性附加と関わる問題が，マネジメント上の組織化の視点から重視される（Drucker 1946 / 1964, pp.154-155, 翻訳書（下），248-249頁；1954 / 1961, pp. 19-22, pp. 99-104, 翻訳書，21-25頁，143-149頁）。
　(2)　「労働とその管理」視点では，生産性向上の利益の分配による労使協調の精神は継承され，その労使関係の制度化による定着，安定的実現が図られる。反面生産現場での直接的労働管理の論議は回避傾向となる。職務内容，賃率等の標準化問題は「労使関係」上の交渉事項となり，労働者の経済的生活保障と引換えに維持される「経営権」貫徹の下，職場管理の優先課題はムダ排除，改善への協力体制よりも，一定の余裕を含む標準設定による安定操業確保と職場紛争回避志向が強まる（Chandler 1964, p.179f, 翻訳書，293頁以下；Sloan 1964, pp.390-406, 翻訳書，505-519頁）。マネジメント上は分権化を志向する「目標管理」の合理性と有効性が主張されるが，その対象は単純労働職場より上層の組織階層にあり両者間の区別が明確になり，生産現場の単純単調労働問題に拘る作業の質の向上，労働意欲向上，動機化問題の解決の困難性が認識，指摘される。その要因には単純作業の生産的社会的な意

味理解や創造性発揮の機会提供の困難性が挙げられ，この問題解決は結局は単純作業の統合化と機械化，自動化展望に委ねられる（Drucker 1946／1964, pp. 134-135, 翻訳書，216-217頁；1954／1961, pp. 292-293, 翻訳書（続），158-160頁）。

(3) 「製品とそのプロセス」視点からは，「日用品」としての「唯一最善」製品に代わり，成熟段階に入った市場特性を前提に，技術的・生産的視点よりマーケティング，ファイナンス要件を重視した製品「適正化」志向，製品の快適性，スタイル重視の開発志向，あらゆる市場セグメントに対応する製品多様化（フルライン政策），消費意欲を刺激するモデル・チェンジによる製品の漸次的高級化，付加価値増大志向，消費者金融サービスの拡大などマーケティング施策の経済的合理性が主張される。「オートメーション化」は，技術的な手作業の機械化問題ではなく経済的な投下資本利益率視点からするマネジメント上の選択問題として把握され，オートメ化への慎重姿勢と生産現場での手作業温存の合理性が表明される（Sloan 1964, pp. 257-258, 翻訳書，326-32頁）。

3．論議の意義・貢献と限界

ドラッカー，スローン，チャンドラーの所説には，20世紀中期以降の産業社会の発展と「マネジメント論」としての経営学の水準高度化，洗練化のもつ意義が反映されている。20世紀前半の歴史的教訓を踏まえ，天才と狂気が並存する独裁的集権的支配・管理の弊害を指摘し，市場の成熟期における巨大企業のマネジメントが配慮し依拠すべき経営行動と組織形成上の基本思考と論理，原則，制度，要因を豊富な実証性を伴い経営全般にわたり明示した意義は大きく，今なおその基本志向と実践原理は世界の産業界に幅広い支持と影響力をもつ。その限界は，「マネジメント学（論）」の洗練化，高度化志向の発想法，把握態度，把握スコープ自体による対象・関心の限定と関り，企業の下部構造の分析・論議の希薄化にある。ここでは成熟した市場環境に適応するための製品高度化と「大量生産」の硬直性緩和，柔軟性確保において，フォード期からの「大量生産」の弱点克服が図られ，安定操業と職場秩序維持を保証する制度的措置が組み込まれている。反面製品・プロセス両面

での抜本的技術変革による生産体制革新，生産職場の労働形態，労働組織変革改善によるコスト・品質改善，労働環境改善など生産体制それ自体の発展，革新，ムダ排除など生産の合理化推進志向はむしろ前時代より後退の観が強い。こうした限界の問題性はこの体制の長期持続，影響蓄積とともに顕在化する。

IV. 大量生産体制変貌期（1970年代から世紀転換期）

　西側諸国とアメリカとの競争力格差が縮小，消滅し，製造業をめぐる国際競争が激化し，GM社をはじめアメリカ自動車産業の競争力低下も明白となる。製造業の競争力を規定する生産領域の諸要因の意義が再認識され，論議は「大量生産」の変革論議と絡みながら進行し，「産業（製造）のルネッサンス」と表現される情況を呈する。その展開は大凡3時期に分けて把握できる。

　(1) 1970年代は，以後の論議の基礎となり論議活性化の契機となった，20世紀アメリカ産業経営の構造特性と問題性を客観的に掘り下げて究明しようとする，従来の「マネジメント」論の認識枠組みを超えた批判的研究が現れ始める。その典型は，GM社の経営実践（「スローン主義」経営）の問題性を，経営の社会性軽視・持続的高収益確保志向，マーケティング主導の製品戦略と旧態技術・単純労働温存の量産プロセス維持との相関性に注目して解明し，アメリカ自動車産業の問題多発と衰退の主要因として批判する「アメリカ自動車産業批判」論（Rothschild 1973），20世紀アメリカ産業における労働のあり方を，資本による機械化・自動化，科学的管理の適用を媒介とした労働統制の帰結として把握し，産業労働の質の低下，地位の格下げ傾向の必然性を証明・展望する「資本制労働過程論」（Braverman 1974），アメリカ自動車産業における工場次元の生産単位の発展経過を製品特性とプロセス特性両面から分析し，生産性高度化要件と製品革新要件の同時両立の困難性を指摘し，技術変革のマネジメント統制の必要性を確認，主張する「生産性ジレンマ」論（Abernathy 1978），に見出される。いずれも前段階の「マネジメント」論が軽視していた生産体制上の変革への経済的，技術的制約要因を浮き彫りにし，「労働とその管理」，「製品とそのプロセス」両面，およびその相関とか

かわる重要問題の所在を明確にした点に意義がある。しかしその所論には分析対象とするアメリカを中心とする産業経営の構造特性に作用する技術的,社会的与件,要因の究明等になお課題を残し,以後の論争を誘発した（宗像1989）。

(2) 80年代以降は,激化する各国量産型産業間,企業間の競争激化情況の下,停滞するアメリカ製造業の危機脱出,そのための国際競争力要因探求と,生産システム革新を展望する論議が活性化する。

その第1は,生産の技術的基礎の転換をテコにシステム変革を展望する方向で,特にME技術と機械技術との結合による機械の自動制御性能の向上による,機械化・オートメ化の領域拡大効果,オートメーションのフレキシブル化の効果に着目し,「生産性ジレンマ」の脱却,生産領域の労働問題解決などを展望するシステム変革論が展開した（Hirschhorn 1984; Pennings et al. 1987）。しかしこの意味の技術革新が機械技術の制約をなお免れず,「ジレンマ」自体の止揚を可能にするものではないこと（宗像 1989）,またこの時期に欧米で促進されたFA化戦略が所期の効果を結果しなかったこともあり,FAが産業界に普及するにつれこの系の論議は下火となった。

第2は,生産システムの国際比較を媒介に,好業績を上げる工業化諸国の特定生産実践に注目し,その競争力要因を摘出し「ベスト・プラクティス」としてその意義を究明しようとする方向で,日本,イタリア,ドイツ,スウェーデンなどの特定生産実践に注目が集まり,アメリカの「大量生産」との比較におけるシステム特性,競争力要因等をめぐる議論が展開した。特に「トヨタ」に代表され,「JIT/TQC」（「日本的製造技法」）,MEなど新技術の効果的活用を支える日本の生産実践のシステム特性に関心が集まり,その競争力優位要因,含意の普遍性,国際移転の可能性,その人間的／非人間的特性などが論議された（cf. Schonberger 1982; Altshuler et al. 1984; Piore and Sabel 1984; Jürgens et al. 1989; Parker and Slaughter 1988; Oliver and Wilkinson 1988; Dertouzos et al. 1989; Berggren 1991; Kenny and Florida 1993）。そしてその好業績生産実践に「大量生産」とは段階を画し高生産性とフレキシビリティの両立を達成した「次世代システム」の原型を見出す「リーン生産」論,および「リーン生産」の含意をアメリカ主導で急速

に発展した情報技術の特性を駆使して機能的に実現し，さらにシステム要素，サブシステム間の結合，ネットワーク化により「リーン生産」以上の環境適応の柔軟性確保を志向する一連の「リーン後（after lean）」論へと展開した（Womack et al. 1990; Goldman 1995; 國領 1995）。

こうした論議の特徴・意義は，グローバル化に伴う企業経営の生存要件，競争条件の高次化のもとで，これまでの産業経営論議で暗黙の与件とされる傾向にあった，各国における生産体制を支える技術的特性と社会的特性，相互連関，相互作用，産業の技術的基礎の変革と社会的与件修正の可能性，その生産実績，競争力水準への作用を浮き彫りにし，これまで大量生産体制に内在するジレンマとして認識されてきた生産性と弾力性，柔軟性，生産の秩序維持要件と人的資源活用要件間の新たな接合の可能性を明らかにし，より厳しい競争環境に対応するための体制変容，変革の可能性を提示した点にある。

しかし，この期の議論は現実の産業界のめまぐるしい競争情況の変動に影響を受け，また特定実践方式の普遍性を過度に評価する「ワン・ベスト・ウェイ」的発想法とかかわる恣意的理論操作，評価志向を引きずる傾向があり（宗像 1991），工業化各国間の競争優位要因の相互学習，相互摂取による生産実践の相互接近傾向，国際的な競争力平準化傾向の中で沈静化していく。

(3) 世紀転換期

その後の産業経営論議の基調は，産業経営の発展軌道と競争力形成要因をより相対化した視点から複線的に把握する方向に向う（宗像 1998）。その焦点は情報化革命の進展をバネに競争力回復を遂げたアメリカの産業競争力復活要因の究明，および「モノづくり」の領域で高水準の競争力を維持する日本の生産実践の競争力要因との比較とその含意の理論化にある。特に情報産業の著しい発展の基礎にある複雑なデジタル系単位間関係の互換性を「モジュール」として摘出し，インターフェイス標準化と共通基本ルール設定を通じての自由な連結展開による広大で柔軟な展開可能性の，情報関連産業以外への展開を展望する「モジュール・パワー」論（Baldwin and Clark 2000）に代表される一連の「モジュール化」理論，およびこの議論の影響下に，産業経営の競争戦略基礎を構築しようとする「産業アーキテクチャ」論はその典型

といえる。そこでは日米産業の競争優位論議の知見を踏まえ，「モジュール（組み合わせ）」はアメリカ，「インテグラル（摺り合わせ）」は日本が得意と見る現実認識に立ち産業経営の事業特性を「モジュール」vs「インテグラル」；「オープン」vs「クローズ」という２系の指標で把握し，競争戦略再構築への理論的実践的基礎形成が図られている（藤本・武石・青島 2001，4-7頁）。

V．結語──産業経営論議の意義・貢献，限界と経営学の課題──

　過去百年の論議展開のフォローを経て，報告者が現時点で抱く「感慨」，「印象」と若干のコメントを提示し，結語とする。
　(1)　この概観を通じ改めて痛感するのは，人類史のわずかな時間に工業化を推進し人間生活を激変させた「生産と資本の論理の結合」，特に20世紀「大量生産体制」による「機械と資本の論理の内実的融合」がわれらの物質的精神的生活に与えている絶大な効果と影響力である。現代生活の便宜性はこの論理に導かれた営為の帰結であることにまず留意すべきであろう。
　(2)　前世紀後半以降の「脱機械化」，「脱大量生産」，「脱フォーディズム」命題の多様な喧伝にかかわらず，「大量生産」の論理と実践は今なお社会の基底に定在し，広く深い作用を持ち続けている。多様な携帯端末の現代生活への洪水のような供給と普及は，フォードが自動車に託した夢の今世紀バージョン以外の何ものでもない。フォード以来の「大量生産」の諸形態は今なお新興工業国で同時並行的に勃興し普及中である。情報機器は産業機械以上に厳密な機械原理の下で形成・利用されているばかりでなく，現行の情報機器の情報処理原理には量産化の基本思考が援用されている。先進工業国産業変革のテコとして注目される「モジュール化」もまた，標準化と互換性部品を基礎とする量産化の論理にそのルーツがある。生産体制関連の経営学的研究の今後の展開において，市場と資本の論理を媒介する「機械」と「大量生産」の特質と規定性，制約性を見過ごさないことは，真の「生産革新」を見極め展望するための重要な一要件であり続けるであろう。
　(3)　この論議展開を学問としての経営学の視点から見た場合に筆者が抱く感慨は，初期の経験命題定立志向の素朴な議論から，中期の学問として基礎

要件の整備・確立を経て，その後論議内容の豊富化，多様化，理論・実証水準の高度化を経験した今日，斯学は他の社会科学諸分野と遜色のない処までは到達した，というものであり，特に本稿で取り上げた先人の営為・貢献に深甚の敬意を払うべきであろう。だが21世紀の現時点から斯学のアカデミズムとしての貢献実績を内側から点検評価するとき，なお深刻な内省と内在的な問題性を自覚せざるを得ないのも事実である。「東日本大災害」，「福島原発問題」は，この戒めの告知と受け止められよう。「福島問題」の基底には，当該政策・経営主体の，原子力発電事業の特殊性認識の意識的・無意識的回避・軽視傾向とこの特殊性に対応する産業，経営体制構築の不備があることは，この問題の検証論議の経過からも明白であろう。筆者自身の痛切な内省は，「現代工業経営問題への技術論的接近」の必要性と有効性をかねてより主張しておきながら（宗像 1989），原子力発電事業の特性にメスを入れ，問題発生回避に貢献する努力を怠ってきたことである。ここではこの問題に立ち入ることは避け，ただこの種災害再発防止の最低条件に，この事業の「量子力学」次元の自然科学的基礎および技術的基礎の特異性，そのことに基因する実現技術の「未完全性」，「危険性」の在来技術と異次元の特性・態様の明確化，それに適応する事業経営の社会システム上の要件との適合性の究明，およびその認識・理解の社会的共有，が含まれることを指摘するに留める。

(4) この内省をいま少し普遍化していえば，個別産業の正確な基本的事業特性把握が，今後の産業経営課題解決の原点，基本「戦略」樹立のための揺るぎない基礎であること，それには事業の科学的・技術的，社会的基礎特性・与件に遡り，両者の相関性分析に及ぶ，掘り下げた認識努力が求められる，ということになろう。この理解に立てば，例えば現在援用が広まっている「産業アーキテクチャ」構想における，「組み合わせ（モジュール）」vs「摺り合わせ（インテグラル）」；「オープン」vs「クローズ」という2つの系のマトリックス指標を利用した産業・事業特性把握の特徴，限界も見えてくる。この構想が，現下のわが国産業の競争環境とかかわる，限定されたクリティカルな次元での戦略策定の基礎として有効であることに異論はない。しかし産業の原点に立ち帰り論理的歴史的な視点から見ると，「モノづくり」は太古以来「組み合わせ」と「摺り合わせ」に相互予定的に依拠してきた。またIT環境を与

件とした「モジュール」性は，「組み合わせ」るべき要素単位の「インテグラル」性を予定し，ITの発展自体が半導体素子の「集積 (integration)」に依拠しているように，両指標が示唆する特性は対照的関係のみならず，相互予定，相互連鎖の関係にもある（宗像 1989，336頁；2005, 2-6頁）。また「日本型システム」の社会特性には，「クローズ」性とともにわが国の流動的・機能的な社会的階層関係に基因する内なる「オープン」性も伏在し両特性は内的に結びついている（宗像 1996, 74-76頁）。現下のわが国の直面する深刻な産業課題の打開，そのための基本戦略構築には，こうしたシンプルな操作枠組のみでは解き明かせない，多面的で多次元の諸要因が作用する産業，事業の基本特性を正確に把握するための，論理的に歴史的な視点に立った精密かつ総合的な分析・認識努力が求められるのではないか。

(5) こうした内省と関連して近年の論議から受ける印象に，戦略志向と親和性の強い「製品とそのプロセス」志向と「労働とその管理」志向との論議とのバランスの喪失傾向，および実践・理論両面での学的批判精神の希薄化傾向がある。それは，経営学の現実と密着した研究内容の豊富化と研究水準の高度化の裏側で，斯学の研究動向が近年，産業経営環境の厳しさ，産業界からの自信と余裕の喪失傾向とも関連して，現実の国際間，企業間競争の現実の推移に過度に影響を受けてきたことの帰結と理解できないこともない。

20世紀産業発展の基調にあった「生産性向上と産業民主主義」理念の限界が，市場経済のグローバル化の下で明確となり，その恩恵の枠外で資本と市場の過酷な論理と作用に直面する人口部分の世界的激増と社会不安増大の中，今世紀の新産業理念・目標とわが国産業の「基本戦略」が問われる今日，この印象と憶測が杞憂であることを願うものである。「戦後」ならぬ「災後」に当たり，人間の自然支配思考に根ざす「生産性」概念の限界を見極めつつ産業再興を図り，それを産業内労使関係の枠を超えたより視野の広い「人間性」理解と，地球環境保全のみならず地球自体の損傷回避をも視野に入れた新たな産業体制[4]を展望する上で今求められているのは，なによりもまず，斯学における「臨床系」の研究と「基礎系」の研究との良好なバランスと相互補完の関係維持，および健全なアカデミズムに求められる冷静で良識ある学的批判精神の再確認ではなかろうか。

注

1) 山本安次郎『経営学の基礎理論』ミネルヴァ書房，1967年，179-184頁，参照。
2) ボールドウィン・クラークは，現代の情報技術の基礎にあるノイマン型コンピュータの効率的情報処理設計のカギとなった「シーケンシャル」な処理方法の，19世紀中葉のサムエル・コルト工場における合理化実践との類似性を指摘しているが（Baldwin and Clark 2000, pp. 153-154, 翻訳書，179-180頁），この類似性はフォードの「流れ作業原理」との間にある意味ではより明白に認められ，現行の情報処理システムの基底に定在し，その効果と制約性を継承していることに留意すべきであろう。
3) 1920年代ドイツ産業合理化の論議において，フォードの同一の原典（*Mein Leben und Werk*）を参照しながら，テイラーの「指図票」による労働者直接統制志向に対しフォードの組織的統制を排した人間的協働による生産改善志向を高く評価するゴットル（Gottl-Ottlilienfeld 1926, S. 12-14, S. 76-78）と，テイラーの「指図表」による「文書的」統制志向とフォードの「器具的」機械的統制志向とを対置させて捉えるゾムバルト（Sombart 1928, S. 18-19）との解釈の相違は，その初期の一例である。
4) 今後の展望には，「資源生産性」の主張（Hawken et al. 1999），および原子力平和利用の危険性指摘（Cooke 2009）に見られる含意の組み入れが共に求められよう。

主要参照文献

Abernathy, W. J. (1978), *The Productivity Dilemma,* Johns Hopkins University Press.
Altshuler, A. et al. (1984), *The Future of the Automobile,* MIT Press.
Baldwin, C. and Clark, K. (2000), *Design Rules,* MIT Press. (安藤晴彦訳『デザイン・ルール』東洋経済新報社，2004年。)
Berggren, C. (1991), *Von Ford zu Volvo,* Springer-Verlag.
Braverman, H. (1974), *Labor and Monopoly Capital,* Monthly Review Press. (富沢賢治訳『労働と独占資本』岩波書店，1978年。)
Chandler, A. D. (1962), *Strategy and Structure,* MIT Press. (有賀裕子訳『組織は戦略に従う』ダイヤモンド社，2004年。)
Chandler, A. D. (1964), *Giant Enterprise,* Harcourt, Brace & World. (内田忠夫他訳『競争の戦略』ダイヤモンド社，1970年。)
Cooke, S. (2009), *In Mortal Hands,* Bloomsbury. (藤井留美訳『原子力 その隠蔽された真実』飛鳥新社，2011年。)
Dertouzos, M. L. et al. (1989), *Made in America,* The MIT Press. (依田直哉訳『Made in America』草思社，1990年。)
Drucker, P. F. (1946/1964), *Concept of the Corporation,* John Day Co./The New American Library. (下川浩一訳『現代大企業論上・下』未来社，1966年。)
Drucker, P. F. (1954/1961), *The Practice of Management,* Harper & Row. (現代経営研究会訳『現代の経営 正・続』自由国民社，1962年。)
Ford, H. (1922), *My Life and Work,* William Heinemann. (*Mein Leben und Werk,* Paul List Verlag, 1923.)
Ford, H. (1926), *Today and Tomorrow,* William Heinemann. (稲葉 襄・宗像正幸他訳『フォード経営』東洋経済新報社，1968年。)
Ford, H. (1930), *Moving Forward,* Doubleday, Doran & Co. (豊土 栄訳『ヘンリー・フォード著作集 上』創英社，2000年。)
Goldman, S. L. et al. (1995), *Agile Competitors and Virtual Organizations,* Van Nostrand Reinhold. (野中郁次郎監訳『アジル コンペティション』日本経済新聞社，1996年。)

Gottl-Ottlilienfeld, Fr. (1926), *Fordismus*, Verlag von Gustav Fischer.
Hawken, P. et al. (1999), *Natural Capitalism*, Earthcan Publication. (佐和隆光監訳『自然資本の経済』日本経済新聞社, 2001年。)
Hirschhorn, L. (1984), *Beyond Mechanization*, MIT Press.
Jürgens, U. et al. (1989), *Moderne Zeiten in der Automobilfabrik*, Springer-Verlag.
Kenney, M. and Florida, R. (1993), *Beyond Mass Production*, Oxford University Press.
Oliver, N. and Wilkinson, B. (1988), *The Japanization of British Industry*, Blackwell.
Parker, M. and Slaughter, J. (1988), *Choosing Sides*, South End Press.
Pennings, J. M. et al. ed. (1987), *New Technology as Organizational Innovation*, Ballinger Pub. Co.
Piore, M. J. and Sabel, C. (1984), *The Second Industrial Divide*, Basic Books.
Rothschild, E. (1973), *Paradise Lost*, Random House.
Schonberger, R. J. (1982), *Japanese Manufacturing Techniques*, The Free Press.
Sloan, A. P. (1964), *My Years with General Motors*, Doubleday. (田中融二他訳『GMとともに』ダイヤモンド社, 1967年。)
Sombart, W. (1928/1974), *Die Rationalisierung in der Wirtschaft*, A. Deichertsche Verlagsbuchhandlung/Nihon Shoseki.
Taylor, F. W. (1903), *Shop Management*; (1911), *The Principles of Scientific Management.* / (1961), *Scientific Management*, A Harper International Student Print. (上野陽一訳編『科学的管理法』産業能率短期大学出版部, 1964年。)
Thompson, P. (1983/1989), *The Nature of Work*, Macmillan. (成瀬龍夫・青木圭介他訳『労働と管理』啓文社, 1990年。)
Womack, J. et al. (1990), *The Machine That Changed The World*, Rawson Associates. (沢田　博訳『リーン生産方式が、世界の自動車産業をこう変える。』経済界, 1990年。)
國領二郎 (1995), 『オープン・ネットワーク経営』日本経済新聞社。
藤本隆宏・武石　彰・青島矢一編 (2001), 『ビジネス・アーキテクチャ』有斐閣。
宗像正幸 (1989), 『技術の理論』同文舘出版。
宗像正幸 (1991), 「『フォーディズム』論の再興とその意味連関について」『広島経大経済研究論集』第14巻第2号。
宗像正幸 (1996), 「『日本型生産システム』論議考」『国民経済雑誌』第174巻第1号。
宗像正幸 (1998), 「生産システムの発展軌道をめぐって」『国民経済雑誌』第178巻第2号。
宗像正幸 (2005), 「ITの技術特性とそのインプリケーション」オフィス・オートメーション：OA学会第51回全国大会予稿集 秋号。

5 東京電力・福島第一原発事故と経営学・経営史学の課題

橘 川 武 郎

Ⅰ. はじめに

　2011年3月11日の東日本大震災は，第2次世界大戦後の日本で最大規模の天災であったばかりでなく，東京電力・福島第一原子力発電所の事故という大きな人災をともなった点で，衝撃的な出来事であった。福島第一原発事故は，わが国のエネルギー政策や電力業経営のあり方を根本的に問い直す契機となったが，後者の電力経営問題の本質は，「高い現場力と低い経営力とのミスマッチ」に求めることができる。電力会社の高い現場力は，事故現場での「福島フィフティ」の活躍や停電を回避するための迅速な復旧活動など，随所で発揮された。一方，社内に「原子力ムラ」が存在することや，競争分野が6割に達するにもかかわらず事業者間競争がほとんど生じないことに端的に示される，電力会社の経営力の低位は，否定のしようのない事実である。本稿では，このミスマッチを解消する道筋を探る。それこそが，東京電力・福島第一原発事故後に経営学ないし経営史学が果たすべき役割だと考えるからである。

Ⅱ. 電力業界特有の構造

　電力事業は，当然のことだが，電気を売って稼ぐという事業だ。その流れは，発電，送電，配電（小売）の3つの部門に分かれている。
　日本の電力供給システムは，1951年に9電力体制（1988年に沖縄電力が加わり10電力体制）ができて以来，約50年にわたって，電力会社が地域ごとに

3つの部門をほぼ独占してきた。つまり，電力事業では規制の網のなかで，半世紀もの間，市場での自由競争がほとんど行われてこなかったのだ。

しかし，1995年と1999年，2003年の電気事業法改正によって，電力市場に競争を促す自由化が進められた。これは，石油危機後に電気料金が大幅に値上げされたこと，1980年代半ばになり原油価格が低落し円高が進行したのちも「内外価格差」と言われたように電気料金があまり下がらなかったこと，世界的に規制緩和の潮流が強まったこと，などによるものであった。

電力自由化の結果，発電部門には，電力会社，自家用発電のほかに，発電した電気を電力会社に売るIPP（独立系発電事業者），配電部門には，工場やビルなどに直接売るPPS（特定規模電気事業者）と呼ばれる新規事業者が参入している。発電された電気は，電力会社の送配電ネットワークを通じて，それぞれのユーザーに送られる。ただし，この電力流通の真ん中の部分の送電は完全に電力会社が抑えているのも，電力業界特有の構造と言えるだろう。

Ⅲ．自由化部門と規制部門

電力小売市場の自由化は，まず，2000年に「特別高圧」（契約電力約2000キロワット以上）と呼ばれる産業用・業務用電力が自由化された。さらに，契約電力500キロワット以上2000キロワット未満の「高圧」が2004年，それより小口の契約電力50キロワット以上500キロワット未満の「高圧」が2005年に自由化された。当然，地域独占を崩されることになる電力会社は自由化には反対の立場をとってきたが，経済産業省に代表される国の側が徐々に切り崩すような形で自由化を推し進めてきた。

この結果，現在では，日本の電力需要の6割以上は，電力会社同士の競争が可能な競争分野で占められている。日本の電力市場では競争がない総括原価方式による価格決定が行われているとしばしば指摘されるが，それは，全体の4割にも満たないのだ。

一方で，今のところ，電力小売市場がまだ全面的に自由化されたわけではないことも事実である。当初は2007年実施が検討されていた，契約電力50キロワット未満の町工場向け「低圧電力」，コンビニエンス・ストア，家庭向け

「電灯」の自由化は見送られたままになっており，2012年5月時点で全面自由化が実施されるめどは立っていない。この規制分野（独占分野）は全国の販売電力量全体の約37％（2009年度）を占めている。地域を管轄する電力会社が独占している低圧・電灯分野の収益を，自由化されている分野の競争強化に使ったり，電力会社が独占している送配電網を，他の電力事業者が利用する際に不利に扱ったりすることがないように，規制部門と自由化部門とを，それぞれ別会計にする「会計分離」の仕組みがあるものの，無競争状態にある規制分野は，コストに対して一定の利益を上乗せする「総括原価方式」によって設定した価格で売ることができる。つまり，規制分野こそが電力会社の安定的収益源になっているのだ。

IV. 競争しない電力会社

さらに大きな問題は，自由化で競争ができる仕組みが整えられたはずの大口利用者向けの特別高圧・高圧電力の市場においても，事実上，競争が行われていないことだ。新規事業者で電力をエンドユーザーに直接販売しているPPSのシェアは1.70％（2009年7月時点）に過ぎない。

本来の自由化のねらいを達成するには，電力会社間の競争が欠かせないのだ。にもかかわらず，各電力会社が営業区域外へ電力供給を行ったのは，九州電力が広島市内の大型スーパー，イオン宇品店への電力供給を行った，たった1例だけだ。

九州電力がイオン宇品店へ電力供給を開始した直後は，これをきっかけにして，電力会社間の本格的な競争が始まるかもしれないという観測もあった。だが，こうした動きが広がることはなかった。電力コストを引き下げたい需要側は，電力会社に対し，他電力からの電力購入の可能性を含めた交渉をすることは，自然なことのはずだ。

問題は，おそらく電力会社の側にあって，他電力管内への電力供給の話には基本的に応じないといった暗黙の了解が各社間にあるのではないか。そうした一種のカルテル的な考えに基づいて，需要側からの打診を拒否するという行動をとっていると考える以外に，競争が起きない理由を説明することは

難しい。

　本来であれば，経営努力によって電気料金を引き下げたり，サービスを向上させたりすることで，より多くの顧客を獲得し，より多くの電気を販売するというのが市場競争のあるべき姿だ。小口用・家庭用という競争がない独占分野を維持しているだけでなく，競争できる分野があるにもかかわらず，そこでも競争を回避し，独占的な仕組みによって利益をあげる。電力会社が，安定的な収益を維持している理由，そして電気料金の内外価格差もなかなか縮まらない理由は，こうした一種のカルテル的なマインドが，電力業界を支配していることにある。

V．周波数の分断

　とはいえ，一面では，各社間の電力のやり取りに技術的な制約があり，市場が自由化されても，完全に自由な競争を行えるという環境にはなっていないことも事実だ。

　日本列島には，北海道から沖縄まで電力10社が展開されている。この10社は，北から1・2・6・1という4つのブロックに分けることができる。最初の1は北海道電力。2が東日本の東北電力と東京電力。6が西日本を中心とする中部，北陸，関西，中国，四国，九州の各電力。最後の1が沖縄電力だ。沖縄と九州の間には送電線がなく，電力の融通はできない。北海道と本州の間も送電線の容量は限られている。

　最大の問題は，地理的には制約が少ないはずの東日本2社と西日本6社の間の電力融通だ。東日本大震災で多くの発電所が被災し，東北電力と東京電力が電力不足に陥った時，電力が余っていた西日本からの電力融通を制限した大きな壁になったのが周波数の違いだった。電力のやり取りが限定されると言うことは，電力会社間の競争を進める上でも，重大な技術面での阻害要因になっている。

　日本では周波数が，静岡県の富士川，新潟県の糸魚川あたりを境に，東側は50ヘルツ，西側は60ヘルツに分かれている。つまり，北海道，東北，東京の3電力が50ヘルツ，中部，北陸，関西，中国，四国，九州，沖縄の7電力

が60ヘルツの電気を管内に供給していることになる。

　世界を見渡すと，主要国で，いまだに周波数が分断されているのは，基本的には日本だけであり，特殊な状況と言ってよいだろう。イギリスをはじめ複数の周波数が混在する国は確かにあったが，どこも，国家的課題として周波数を統一してきた。

　60ヘルツの地域と50ヘルツの地域をまたいで電気を送るには，周波数変換装置によって，電気の周波数を変えなければならない。今回の東日本大震災に伴う電力不足は，そうした電力ネットワークの課題を浮き彫りにした。現在，東京電力と中部電力の間には3箇所・4基の周波数変換装置があるが，融通容量は合計で100万キロワットしかない。計画停電初日の2011年3月14日には東京電力管内で1000万キロワット程度の電力が不足すると言われたが，そのような緊急事態には，とても対応できる融通容量ではない。

VI. 電力間連系設備の不足

　同じ周波数地域でも，各電力会社間を結ぶ連系設備の能力が限られるために，託送できる送電容量が制約されれば，競争を妨げることになる。この連系設備の問題があるのが，北海道・本州間だ。北海道電力と，同じ50ヘルツエリアにある東北電力，東京電力とのあいだで融通することができる電気の量も，限定されているのである。

　北海道・本州間連系設備（北本連系）の送電容量は60万キロワットにしか過ぎない。このため，周波数分断と同様，やり取りできる電力が限られ，競争を制約する条件になっている。これは，北本連系が，交流をいったん直流にして送電し，再び交流に戻すという仕組みを採用しているためである。

VII. 連系強化を阻んだ事情

　東日本大震災の電力不足に象徴されるエネルギー・セキュリティーの問題や，自由化を進めるための託送容量の拡大という観点から，周波数変換装置（FC）や北本連系の拡充が必要だという指摘は，震災前からあった。しかし，

こうした連系設備は意外にコストがかかる。電力10社の設備投資額を見ると，発電所にあたる電源設備は約38％（2009年度）で，残りの6割以上は流通設備・その他が占めている。実際に，FCの新設コストは，原発のそれに等しく，火力発電設備の約2倍に及ぶと言われている。

費用対効果の面から，電力会社は，FCを拡充するよりも，火力発電所を増設した方がコストは安く済むと主張して，連系施設の拡充に難色を示してきた。ところが，東日本大震災での計画停電という事態になって，連系の代わりに拡充させると言ってきた予備の火力発電設備が実際には十分ではなかったことが判明した。

それまで，電力業界が「完成形に近い」と豪語してきた日本の電力系統には，実は大きな弱点があることが浮かび上がった。自由化後も事実上の地域独占を続けている電力会社にとって，連系の拡充は，託送可能な容量を増やすので競争促進要因になる。これを避けるため，連系施設に積極的な投資をしてこなかったと考えられるのである。

Ⅷ. 独占崩壊の序曲

電力自由化後も，日本の電力会社の地域独占を温存してきた最大の要因は，地域独占の利点を独善的に信じるカルテル的なマインドが電力業界の風土として今も根強く残っていることにある。さらに，小口民生用・家庭用に規制分野が温存されているという制度的問題，周波数分断，北本連系の不足をはじめとする電力会社間の連系の不十分さという技術的制約が絡み合って，自由化を妨げ，事実上の独占を支える一つのシステムを築いてきた。

この電力自由化後も続く無競争状態を脱し，市場競争を推進するにはどうしたらいいのだろうか。一つの可能性として，地球温暖化対策の炭素税導入や排出権取引導入によって，排出する二酸化炭素（CO_2）に価格を付けることが突破口になると考える。これは，地球温暖化の主要な原因となっているとされるCO_2の排出量を抑制するため，CO_2排出に追加負担を課する仕組みである。

今後，CO_2排出に値段が付くと，電気料金自体は変わらなくとも，CO_2を少

ししか出さない原子力発電のウェイトが高い電力会社の方が，CO_2排出コストを含めて考えると需要家の支払い単価が安くなる。たとえば，発電量における原子力の割合が低い中部電力と中国電力の電気が，CO_2価格を含めて考えると割高になることが予想される。そうなれば，需要側が原子力の割合が高い関西電力，四国電力，九州電力から買い付ける，といったことが起きる可能性もあるわけだ。ただし，この可能性は，福島第一原発事故を機に，原発のコストが大幅に上昇することになると，低下するかもしれない。

また，太陽光発電など，再生可能エネルギーの固定価格買取り制度が導入され，電力料金に買取りコストが上乗せされることになったが，電炉メーカーなどの電力多消費産業は，その負担に耐えかねて，地元の電力会社から供給を受けるだけでなく，複数の電力会社に声をかけて，本格的な入札に動き出すことも考えられる。大口需要家が，他地域の電力会社と直接，契約を結ぶようになると，電力業界の景色はまったく違ったものになるだろう。

電力自由化は，相対的に安価な他地域の電力を需要家が購入することを可能にする仕組みを提供している。にもかかわらず現在まで，そうした動きはほとんど起こっていない。これは，電力会社が，管内の大口需要家の流出を阻止しようと努力しているというだけでは説明が難しい。供給側の電力会社間に，他電力管内の大口需要家には手を出さないでおこうというカルテル的マインドが働いているとしか考えられない。ただし，この無競争の構図は，需要側の負担が臨界点に達すれば，大きく変化する可能性を秘めている。

IX. 国民的期待を受けての原子力のスタート

日本の電力業経営に関して，ここまでは，電力会社間競争がほとんど起きていないという問題を取り上げてきた。電力業界には，もう1つ，経営上の大きな問題がある。それは，原子力発電事業が「国策民営方式」で推進されてきたという問題である。以下では，この点について掘り下げる。

日本の原子力発電は1956年から動き始めた。初期には国の特殊会社として設立された電源開発株式会社（J-POWER）を中心に原子力利用を推進しようという議論もあったが，1951年の電気事業再編成で電力国営論を押さえ，民

営の9電力会社体制がスタートして，まだ5年という勢いのある時期でもあったため，民間の電力会社を中心にして進められることになった。当初は，原子力発電に対する国民的な抵抗は比較的小さく，原子力に対する国民の意識は，むしろ肯定的だったとも言える。そうした国民感情を端的に示していたのが，手塚治虫原作のアニメ「鉄腕アトム」だった。原子炉を積んだ，10万馬力のロボットがヒーローになるという世界がそこにあった。プロ野球にも，アトムズ（サンケイ，後のヤクルト）というチームがあった。アトム（原子）という言葉は，非常にポジティブな意味を持っていた。

　広島，長崎の被爆体験を持つ日本人が，原子力発電になぜ積極的だったのかは，外国人研究者も不思議がるところだ。その理由の一つは，原子力が準国産エネルギーとしての期待を集めていたからだろう。現在，日本のエネルギー自給率はわずか4％しかないが，1960年当時は，国内の石炭が日本のエネルギーを支えていたので，自給率が56％と半分を超えていた。ところが，高度成長が進むにつれて，国産の石炭では日本のエネルギーを支えきれないことが明らかになってくる。海外から輸入する石油への依存度が高まり，1970年のエネルギー自給率は約14％まで急落した。こうしたエネルギー自給への危機感も手伝い，閉塞状況に陥った国産石炭に代わるエネルギー源として，原子力に期待が集まっていった。

　原子力発電に使うウランは輸入しなければならないので，正確には自給エネルギーとは言えない。だが，いったん輸入したウランは，燃やせばなくなる石油などと違って，数年にわたって使うことができる。

　さらに，使用済みのウラン燃料を再処理する「核燃料サイクル」のアイディアが登場すると，原子力は〝準国産〟エネルギーと認識されるようになった。核燃料サイクルは，燃え残ったウランや，ウランを燃やす（核分裂させる）過程で生成されるプルトニウムなど，燃料として使える部分を取り出して再利用する技術である。

　さらにプルトニウムの生成を効率的に行うことで，消費した以上の核燃料を作り出すことのできる夢の原子炉，「高速増殖炉」の実用化に向けた研究も始まると，輸入したウランを半永久的とも言えるような長期にわたって使える可能性が出てきた。また，被爆国・日本が原子力の平和利用を推進すると

いうことが，戦後日本のナショナル・アイデンティティである「技術立国」という思想に適合したという面もあったろう。

X．国論の分裂と電源三法

　1973年の石油ショックは，代替エネルギーとして原子力への期待をさらに高めることになる。石油ショックは，エネルギー自給率の低下という漠然とした不安を超え，原油価格の急騰，さらに石油を輸入できなくなるのではないかという不安をかき立てた。現実のエネルギー危機に直面したことで，エネルギーの安定確保は国家の至上命題として浮上した。石油ショックをきっかけに，日本は，原子力を中心として天然ガスと海外炭の3本柱で，エネルギー供給を支えていく政策へ方向転換した。

　その矢先の1974年に原子力船「むつ」の事故が発生する。次いで，1979年にアメリカのスリーマイル島原子力発電所の事故，1986年に旧ソ連のチェルノブイリ原発の大事故が相次いで発生した。原子力への信頼は大きく傷付き，原子力発電の危険性を訴える反対派が台頭する。エネルギー政策の柱として原子力が欠かせないとする推進派との間で，国論が二分されてしまうこととなった。こうなると，強力な反対勢力も存在する原子力発電所の立地は，もはや民間の電力会社だけでは手に負えなくなる。そこで国が登場するという構図が生まれた。

　国の関与の中核になるのが，地元住民の理解と協力を取り付けて発電施設の設置，運転を円滑に進めるために制定された「電源三法」だ。正確には，電源三法は，原子力発電所立地のために作られた法律ではない。1970年代前半の日本では，1970年に公害関係法令の抜本的な整備を行った「公害国会」があり，1971年から1973年にかけて，四大公害裁判で原告勝訴の判決が相次いで下されるなど，公害が大きな社会問題になっていた。そうしたなか，火力発電所から排出される大気汚染物質にも厳しい目が向けられ，火力発電所の立地が困難な状況になった。

　そこで，1974年，「電源開発促進税法」「電源開発促進対策特別会計法」（2007年に廃止，現在は「特別会計に関する法律」），「発電用施設周辺地域整

備法」の電源三法が制定される。これによって，電源開発促進税を電気料金に上乗せする形で，電力会社を通じて徴収し，① 電源地域の振興，② 電源立地に対する国民的理解・協力の増進，③ 安全性確保および環境保全にかかる地元理解の増進などの名目で，電源施設が立地する自治体に交付金などの形でおカネを配るという仕組みができあがった。

　当初の電源三法の目的は，原子力発電所の立地ではなかったが，その後の実際の使われ方を見ると，主に原発立地に使われてきたことがわかる。日本の原子力発電事業が「国策民営方式」で営まれていると言う時の〝国策〟の一つ目のポイントは，この電源三法の交付金制度を使って，国が関与しなければ，民間電力会社だけでは原発立地がままならなくなったことにある。

XI. 国策による使用済み核燃料の処理

　原子力発電については，立地問題のほかにも，使用済みとなった核燃料をどう処理するかというバックエンドの問題が未解決のまま残されている。そして，ここでも，国が関与しないとものごとが進まないという状況が生まれている。

　使用済み核燃料の処理の仕方は大きく二通りある。1つは，天然ウランの燃料を1回使って，そのまま核廃棄物最終処分場の地中深くに廃棄する方法で，ウラン燃料が原発を1回しか通らないという意味で「ワンススルー」と呼ばれる。もう1つは，使用済み核燃料を再処理して，再利用する「核燃料サイクル」である。

　核燃料サイクルの本来のねらいは，高速増殖炉を使って，大量のプルトニウムを生み出し，再利用することにあった。しかし，高速増殖炉原型炉（実験炉に次ぐ段階の炉で，実証炉を経て商用炉で実用化される）「もんじゅ」は相次ぐ事故やトラブルに見舞われ，実用化のスケジュールは大幅に遅れている。そこで，再処理で取り出したプルトニウムを，天然ウランなどと混ぜる「MOX（モックス）」と呼ばれる燃料を製造。それを通常の原発において，軽水炉の燃料として使用する「プルサーマル」が採用されている。この核燃料サイクルの中核を担う，青森県にある日本原燃の六ヶ所再処理施設で建設中

の再処理工場は完成延期が繰り返され，本格稼働にいたっていない。

使用済み核燃料を廃棄する最終処分場は，まだ日本にはなく，設置のめどもまったく立っていない。使用済み燃料を核燃料サイクルに回すことで，廃棄物の量を減らすことはできるが，最終的に廃棄物が出ることは避けることができない。最終処分は，ワンススルーの場合だけでなく核燃料サイクルの場合にも絶対に必要不可欠であり，バックエンドを閉じるための国の出番が最終処分場の立地についても求められているのだが，事実上手がついていないのが現状だ。

市町村のゴミ焼却施設設置などに対して，住民は，施設の必要性は分かるけれども，自分の家の近くは困るという反応を示すことを，NIMBY（ニムビー，ノット・イン・マイ・バック・ヤード，私の家の裏庭はやめて）問題と言う。原子力発電を運転する上では，原子力発電の立地も処分場も必要になることは間違いないのだが，自宅の周辺にそうした施設が作られることには心理的に抵抗があり，また家や土地の資産価値の低下の問題など社会的コストも生じる。そこで，国が社会的コストを負担し，最終処分場誘致のインセンティブを与えるような仕組みをつくらないと，問題を解決できない。

結論として，原子力発電は，フロントエンドの立地とバックエンドの核廃棄物処理のところで，国が仕切らないと解決しないというシステムになっている。確かに，原子力発電所を運転しているのは民間の電力会社だが，国の関与が欠かせないという意味で，原子力発電は，「国策民営」という，日本独特の運用形態で行われてきたと言うことができるだろう。

XII．改革のための2つの提案

東日本大震災をきっかけにして生じた福島第一原発事故と計画停電は，日本の電力業の根幹にある，国策民営の原子力政策のいびつさ，事実上の地域独占の負の側面である電力会社間の融通・連系容量の不足，という積年の課題を浮き彫りにした。

これらの課題は，対症療法的対応では解決できない。日本のエネルギー政策のあり方，そして電力業の経営形態を劇的に変えることが求められている。

しかし，戦前から戦後にかけての電力国家管理の失敗でも明らかなように，現実からかい離した改革を志向して，日本の産業，経済に取り返しのつかないダメージを与えることがないように，最大限の注意を払うべきだろう。

電力業のあり方を考えるとき，必要なことは，安全性の確保を大前提にして，安定的な供給，低廉な料金，地球環境への配慮，という電力業の使命をバランス良く達成することだ。反原発ないしは原発安全神話といったイデオロギー的な発想を捨てて，現実に即した電力業のあり方を模索し，改革していかなければならない。

以下では，本稿を締めくくるに当たって，1つは，福島第一原発事故の背景にある国策民営の原子力政策を改め，原子力発電事業については，民間の電力会社から切り離して，場合によっては国営化するという提案を行う。もう1つは，計画停電の背景にある，電力会社間の系統の分断，脆弱な連系設備という障壁を乗り越え，いかに電力融通を強化し，電力会社間の競争を活発化させる仕組みを作っていくか，について検討する。

XIII. 原子力発電事業の分離・国営化

日本の原子力発電事業の問題点は，国策民営という推進体制によって民間企業としての電力会社の健全性を損なってきた点にある。これを解消し，原子力政策の責任の所在を明確にするには，原子力発電事業を電力会社から分離し，場合によっては国営化することが抜本的な解決策になると考えている。

国営化の一番のメリットは，責任の所在を明確にすることにある。福島第一原発事故の賠償責任をめぐる議論のように，電力会社と国が責任を押し付け合う構造を解消できる。

現行の国策民営システムは責任の所在が不明確だ。だから，原子力発電所で事故やトラブルが起きると，国は電力会社に向かって「おまえの会社が悪い」と怒鳴りつける。それに対して，電力会社は「そうは言っても国策でやっていることなのだから，助けてください」と頭を下げる。それが国民の怒りに対する一種のガス抜き装置になっていて，最後は責任の所在をごまかしながら，国が，公的資金の注入などの形で，電力会社救済のために税金の投入

を決断する。

　政府も原子力安全・保安院も明確な責任を問われず，電力会社に責任を押しつけつつ，実質的な賠償負担は国が行うことで，電力会社の責任も最終的に回避される。今回の賠償支援スキームの運用も，現実的にはそうなる可能性を持っている。公的資金投入の是非は別にして，賠償の枠組みを運用する過程で，責任の所在がどこにあったのか，きちんと問われなければならないはずだ。

　まず，東京電力の責任は，当然に問われなければならない。企業を取り巻くさまざまな危険要因を組織的に管理し，それに伴う損失を回避，低減するリスクマネジメントは，今や経営の常識であり，最も重要な経営課題の1つだ。発生する確率が低くても，その影響が甚大であれば，リスクは高くなる。その典型的な例が，大量の放射性物質の漏出を伴う原子力発電所の事故のはずだった。

　東日本大震災前，東京電力が消えるかもしれない日が来ることを予想していた人が何人いただろうか。その点で，可能性は低かったことは間違いない。しかし，東京電力が消えるという事態を引き起こしうる，ほぼ唯一のシナリオが，深刻な原発事故だったことも事実だ。そうであるならば，1000年に1度と言われる大地震，大津波が発生したとはいえ，国の基準によりかかって，最も重大なリスクへの十分な対応を怠り，安全神話を唱えるだけで，深刻な事態に至る前に原発事故を収拾するための手立ても講じてこなかった，東京電力のリスク管理は，やはりお粗末だったと言わざるを得ない。純粋な民間企業として考えるならば，リスクマネジメントを怠ったものが消える日を迎えるのは当然の成り行きだろう。

　だが，これは東京電力に限ったことではなく，国との密接な関係を利用して，自らの立場を守ってきた電力会社全般に言えることだ。浜岡原発を抱える中部電力にしても，東海地震の想定震源域などに，なぜ原発を作ったのか。中部電力の原子力発電所立地は，三重県や能登半島など，あちこちを検討した末に，現在，浜岡原発がある御前崎市で決着した。そうした経緯を見れば，他の場所への立地は困難で，移転するにしても莫大なコストがかかることは理解できる。しかし，地震・津波リスクへの対応よりも，立地の容易さや，

コストを重視して原発を建設したのだとすれば，それは，民間企業のリスクマネジメントとして問題があるし，電力会社としての真の公益性にも合致しない。

　石油ショックのトラウマに加えて，国策の原子力政策があったことで，沖縄電力を除く電力 9 社は，横並びに原子力発電推進の担い手となった。だが，横並びである必要がどこにあったのか。

　たとえば，北陸電力は発電電力量の構成比で，水力が25％（2009年度）に達し，10電力平均の8％の 3 倍以上もあり，10社平均の原子力発電の割合にも匹敵する勢いである。そして，ベースロード電源としては，大規模な石炭火力発電所を有している。そうした特殊な電源構成の北陸電力が，原子力発電に手を出す必然性があったとも思えない。しかし，各社が横並びでやっているのだからという，電力会社間協調の力学が働いた結果，原子力発電に手を出し，それに付随するさまざまなリスクを抱え込んでしまったのではないか。

　根幹にあるのは，国が原子力発電に対して，国策民営方式という中途半端な関わり方をしていて，踏み込みが甘いという構造的な問題だ。抜本的な対策は，原子力発電の国営化だ。国が主導権を持ってやらなければいけないということがはっきりすれば，安全基準をはじめとする原子力政策の問題も，もっとスピード感を持って解決することができるだろう。

　電力事業，特に系統運用を国営化することは国の能力を考えると問題も多いが，原子力発電に関しては国営に集約しても，うまくいくと考えている。その理由の一つは，官民共同出資の電気事業者，日本原子力発電（日本原電）の存在だ。

　同社は， 9 電力会社と，国の特殊法人（当時）だった電源開発が，1957年に設立。現在も，日本初の商業用軽水炉である敦賀発電所 1 号機と，同 2 号機，東海第二発電所の計 3 基の原子力発電施設を運営している。原子力発電所を国営化した場合でも，日本原電に蓄積されている知見，ノウハウを活用することができる。

　また，既に電力会社の中でも，原子力発電部門は「原子力ムラ」という形で別世界になってしまっているから，電力会社から分離することによって生じる問題は少なく，かえって電力各社の原子力部門を国策原子力発電会社に

集約した方が，組織的にも，しっくりいくだろう。すぐに日本の原発のすべてを分離，集約するのではなく，問題が集中的に発生している沸騰水型軽水炉を電力会社の経営から分離し，それらをまず別会社に集約するという方式をとることが，現実的かもしれない。

XIV. 融通強化と全面自由化

計画停電に象徴される，電力供給力不足への不安は，各電力会社の系統と系統を結ぶ連系の脆弱さをいう課題を浮き彫りにした。電力融通の拡充を可能にするスマート・グリッドを確立していく上での抜本的な対策としては，東日本50ヘルツ，西日本60ヘルツと異なる電力の周波数の統一が重要である。それを実現する上でのネックは，発電施設の更新などにかかる，天文学的数字とも言われる膨大な費用の問題だ。

ただし，周波数の統合は，近代国家であればどこでも，クリアしてきた課題だ。海外の例を見ると，イギリスをはじめ，周波数がばらばらだった国は統一を成し遂げてきた歴史がある。国内では戦後，九州で，60ヘルツへの統一が行われている。これは，1951年5月の9電力体制発足で誕生した九州電力がユニバーサルサービスを実現するためには，避けて通ることができない課題として取り組まれた。

九州のケースでは，国家管理期から1951年6月までの第一期工事で，19万5000キロワットの電力が60ヘルツに変更された。その後も需要電力の約4分の1に当たる約20万キロワットの50ヘルツ電力が残っていたが，1954年の閣議決定を受け，1960年までに98億円の費用をかけた第二期工事が行われ，60ヘルツへの統一が実現した。

費用のうち九州電力の負担は18億円。電力のロスは，国家的課題であるという認識で，基本的に国の事業として行われた。東西日本の周波数統合も，国の政策としてやらなければ，進まないだろう。これは国家百年の計ともいうべき大事業になるはずだ。

ただし，長期的に周波数統一を目指すとしても，当面は東日本と西日本のあいだの周波数変換装置を格段に増強することを中心に，各社間の連系を拡

充して，融通できる電力量を増やしていくということになる。それ以外にも，中部電力と関西電力，北陸電力と関西電力のあいだをはじめとする，同じ60ヘルツ同士の連系でも，容量が少ないところがある。北海道と本州のあいだの北本連系も拡充が図られているが，まだ不十分だ。

連系の拡充も，筋としては各電力会社の負担で進めるべきものだが，発電所建設よりも高いコストがネックになって，あまり進んでこなかった。民間企業の経営努力だけでは成果が期待できない分野である以上，国が関与して，政策的に連系強化を進めることを検討しなければならない。連携の拡充は，各地域を独占している電力会社同士の競争を可能にする基盤を整えることにつながり，自由化を促進し，競争を促すことができるだろう。

この「電力会社同士の競争」こそ，本稿が一貫して強調してきた，最も重要な主張である。それが実現すれば，電気料金は低廉化する可能性がある。競争は，一方で電力会社の企業体質を強化するとともに，他方では国民に多大の利益をもたらすはずだ。

6 マネジメント思想における「個人と組織」の物語り
──「個人と組織」の20世紀から「関係性」の21世紀へ──

三 井　　泉

I．はじめに──前提としての「個人」と「組織」?──

「個人の尊重」「個性の重視」「組織人間からの脱却」というフレーズは，20世紀から今日まで持ち越され，いささか使い古されてはきたものの未だに巷を跋扈している。しかしその言葉は，我々を明日へと奮い立たせる何かを，今でも持ち続けているのだろうか。それ以上に，われわれは今日，「個人」や「組織」というものをどこまでリアルに感じられているのだろうか。

ツイッターやブログそしてSNS（Social Network Service）を通じて，どこからでも途切れることなくコミュニケーションを続けている人々が世界中にいる。彼らは目の前にいる人々よりも，携帯の中の相手にリアルな連帯を感じるとさえ言う。この脆くも確かなつながりを求めて，バーチャルとリアルの中を行き来する人々の群れは，今，確実に増殖し続けている。また，日々の自分の克明な記録「ライフログ」を，毎日付け続けている人々がいる。それが従来の日記と大きく違うのは，出来事が起こった瞬間に整理し，自分自身の「データ」を作成していくことである。この「データの連なり」にこそ，「自分自身の姿」をリアルに実感できる，と彼らは言う。

これはいささか極端な事例であったかもしれない。しかし，現代の日本で「派遣」という労働形態が特別ではなくなったことも合わせて考えると，今日の社会は「個人が確かな自己と目的を持ち，特定の組織に継続的に所属しながら自らを満足させ，そのことにより組織も成長させる」という20世紀型モデルがそのまま通用するとは言いがたい，というのが筆者の見解である。本

稿では，このような現状を踏まえた上で，あらためて今までのマネジメント思想（アメリカ経営思想）を「組織と個人の物語り」[1]として再検討し，21世紀の「組織と個人」の新たな社会像の一つの方向性を示してみたい。

II．20世紀「組織社会」の価値規範と「組織人間」の登場[2]

20世紀の社会的特徴は「組織社会」と表現される。そこには少なくとも次の2つの意味が含まれている。第1は，われわれの生活に必要な多くの社会的機能が「組織」により遂行されていること。第2には，われわれの行動を規制している規範の多くが，個人よりも組織を源泉としていることである。

このような組織社会に生きる人々を'Organization Man'と呼んだのはW. H. ホワイトであった[3]。それは，「自分の創造性の根源は所属する集団ないし組織にあると信じており，自らの根源に組織への帰属欲求を持っていると信じ，その帰属を達成するために科学的方法を適用できると信じている人々のこと」である。ホワイトによれば，彼らは，会社においては「角のとれた」「中庸を重んずる」人であることを要求され，周囲の人々との調和を重んじ，組織の発展を自らの目的として，程良く仕事をこなすことをよしとされる。

このような人々は，「労働者」でも，「ホワイト・カラー」でもなく，組織そのものに従事する人々という意味での「組織人間」であり，現場で働く作業者も，企業の中間管理職も，経営者も含まれる。ホワイトは，20世紀のアメリカの産業化の進展とともに，それまでの個人主義に代わって，このような価値観が社会のあらゆる場面に浸透していることを指摘した。

このホワイトの主張を継承し，W. スコットとD. ハートは著書 *Organizational America* の中で，組織社会アメリカを支えている行動規範（組織規範）を次の2点として指摘した[4]。第1には，「個人にとってよいものはすべて，近代組織からのみもたらされ」第2には「あらゆる行動は，この組織の健全さを強めなければならない」というものである。この「健全さ」とは，組織の「成長性」「成熟性」と組織の「環境適応力」を指している。また，こうした規範を強化するための行動ルールは(1)合理性 (2)管理性 (3)実用性であると彼らは指摘した。ここでの「合理性」とは，目的達成のための手段の経済性を意

味しており,「管理性」は,組織規範への忠誠心,組織の利害者達への忠誠心,組織の資源の節約を意味する。また,「実用性」は組織が直面する問題への有効かつ効率的な解決の能力である。

　ホワイトが示した「組織人間」という人間像は,こうして,経済合理性,自己管理能力,問題解決能力,環境順応性を要求される「管理人間」という色彩を強めていく。つまり「組織社会」は見方を変えれば「管理社会」(Managirial Society)の様相を示すことになる。ここで暗黙の前提とされたのが,「個人の自由(自立性)」対「組織による管理(統制・コントロール)」という「対立図式」であったように思われる。すなわち,20世紀組織社会の根底には,「自由と統制」という対立図式があった,というのが筆者の見解である。

　マネジメント思想とはこのような対立図式を前提に,「あるべき」そして「あるであろう」姿としての組織像や人間像を提示し続けてきたと考えられる。この像は時代の問題状況をも反映し,それと共に「個人の満足」と「組織の成長」の姿も変容してきたと考えられる。

Ⅲ．20世紀マネジメント思想における「人間像」の変遷

1．「組織人間」の胎動

　20世紀初頭のアメリカ企業の直面していた重要課題のひとつは,「生産能率の向上」と「労使対立の克服」であった。生産現場における労働者の慢性的「組織的怠業」(自発的生産制限)に直面したF．W．テイラー(Taylor)は,この問題への解決として「科学的な測定」により仕事の「客観的な基準」を設定し,この基準を達成したものには高い報酬を,達成できなかったものは相応の罰則を与えるという管理制度を確立した。この結果,全体としての生産能率が上がり生産性を向上させることで,労働者の要求(個人の満足)も雇用者の要求(組織の成長)も同時に満足させようというのがねらいであった。さらに,この科学的方法をより効率的に運用することができるように「計画部門」と「執行部門を」区分し,計画部門を担当する人々を管理者として,作業者と明確に役割を区別した。この制度の下では,管理も作業もそれぞれが専門的職能として分断され,一人の人間は一つの「専門職能」に専念する

ことにより能率が高まると考えられた。[5]

　ここには「組織人間」はまだ明確には登場しておらず，プロテスタンティズムの勤労観に裏付けられた「個人」がいる。すなわち，すべての人間は神から与えられた「職業（召命）」があり，それを勤勉に果たして神の栄光をこの世に実現することで，「神の恩寵」が与えられるという信念であった。そこで，神への冒涜である「怠業」状況を極力避けるための方法が考えられたとも言える。そのためには，「科学的」基準による「誰の目にも客観的かつ公正な標準労働条件」が整えられる必要があった。この「科学的」に公正な条件の下で，各自の努力による競争とその結果としての適正な報酬により，個人の自発的な勤労意欲が引き出されると考えられたのである。

2．「社会的人間」の登場

　科学的管理運動は，人間の肉体的な制約条件を取り除き，経済的な報酬を与えていかに生産効率を上げるかという，「物理的な作業条件の設定」から始まった。しかし組織的怠業は減らなかった。そこで，更なる要因を探るべく行われた学際的研究がホーソン実験である。[6] ここでは，職場における人間は，科学的管理が前提としていたような「個人」ではなく，上司や部下および同僚達と社会的関係を結ぶ「社会的人間」であり，経済的動機の追求のみならず，社会的な帰属意識や連帯関係など社会的・心理的な動機を持つことが確認された。ここで初めて，組織を人々の相互作用からなる体系，つまり「社会システム」として把握しようとする視点が登場する。

　この社会システムとしての組織の中で，個人は他の人々と，組織目的の下での経済合理的な「公式的関係」のみならず，仲間との自然発生的かつ感情的・没合理的な「非公式関係」をも築いていることが確認された。ここに，「人間関係を通じて自らの社会的動機を満足させ，組織への帰属性や一体性を強め，その結果として組織に対しての自発的協働を促進させていく存在」という人間像が登場する。ここでは，各自の「自発的な協働意欲」を向上させることで組織に適応させ，また組織内部のコミュニケーションを高めることにより，社会システムとしての組織を「均衡」させていくことが重要な管理の役割であるとされた。ここに，組織人間の前提となる「社会的人間」が誕生

3.「組織と個人」──その相剋と調和──

　1929年の大恐慌以降，「専門経営者」の時代が到来する。これは，経営者も従業員も共に組織に雇われた「組織人間」であるということを意味してもいた。こうして組織人間の時代が全盛期を迎える一方，大恐慌に伴う経済的困窮の波をまともに受けた失業者，中小企業者達の救済の旗印として「産業民主主義」つまり「下からの管理運動」が起こってきた。そのような中で登場するのが「組織の理論」である。研究者や実務家の間でも「組織」に関する関心が急速に高まりを見せる。そこに登場したC.I.バーナード（Barnard）の思想は，「組織の時代」の完成と呼ぶにふさわしいものであった。[7]

　バーナードは主著『経営者の役割』を，「個人の定義」から始める。それは，物的・生物的・社会的に制約されているという意味で「決定論的」であると同時に，目的を持ち，心理的要因と限られた選択力の中で自ら活動するという意味で「自由意志論的」な，二つの側面を有する存在としての人間像であった。人間は，自らの自由意志に基づき目的を達成すべく活動するが，そこに生ずる様々の制約を克服するためには他の人々との「協働」が必要となる。この協働を継続する仕組みが一般に組織と呼ばれる「協働体系」であるが，この核心にあり協働を成立させている「活動や力の体系」をバーナードは「組織」としてとらえた。つまり，個人そのものではなく「活動や力の体系」として，それ自体「自立した存在」としての組織像が確立する。

　バーナードによれば，このような組織が成立するためには「共通目的・貢献意欲・コミュニケーション」という三要素が必要であり，それが維持・存続されるためには「有効性（共通目的の達成）」と「能率（成員の動機満足）」が確保される必要があるという。ここに，組織目的の達成と個人目的の達成は「不即不離」の関係にある，という「関係性の論理」が成立する。極言すれば，個人と組織はそれぞれの目的達成のために「相互に手段となりうる」という考え方である。バーナードによれば，組織に所属する人間は「個人人格」と同時に「組織人格」をも持つという。つまり，これは「組織人間」と「自立的個人」が，組織の中で同時に存在しているという考え方である。これ

は，自立的個人はあくまでも組織の外にいて，自分自身の欲求を満足するために組織を用いる，あるいは組織を存続させるためには個人の手段化もいとわない，という考え方とはかなり異なる考え方である。

とは言え，個人目的と組織目的，あるいは個人の道徳準則と組織の道徳準則の間には対立や葛藤があることをバーナードも十分に認めており，それを克服するための「道徳の創造」という役割を，マネジメントの最重要な機能として指摘したのである。このような考え方に立てば，「個人の満足」と「組織の成長」は，一時的かつ部分的な対立はありうるにしても，最終的には「同時に」達成されるものということになる。

4．「制約された合理性」と組織

人間とは肉体的にも精神的にも制約を持っており，その制約は組織を通じてこそ克服できるものである。「制約の克服」が協働の源泉となると捉えたバーナードの組織像は，1940年代から50年代にかけてますます鮮明になっていく。アメリカでは，第二次世界大戦の経験を通じて，組織とりわけ軍隊組織の研究が飛躍的に進んでいく。組織論への関心はますます高まり，「科学的な説明論理」を用いて組織や管理を記述していこうとする動きが現れる。こうした背景の下にH. A. サイモン（Simon），J. G. マーチ（March）らの「意思決定論的組織論」が登場する。[8] 彼らはそれまでのマネジメント理論が「格言」の寄せ集めであると批判し，組織現象を「仮説－検証」の論理的手続きにより「科学的」に説明するための基盤を作ろうとした。それまでの議論が，多くの場合，実務家等の具体的経験に基づいて導き出されたのに対し，ここで初めて「組織の研究者」という専門家により構築される「理論」となる。このことは，「組織」という人間の目的達成のための用具に過ぎなかった社会的構築物が，「組織現象」として科学的研究の対象になるほどに「組織社会」が進展したことの現れと言ってもよい。

ここで組織を科学的に記述するための理論的枠組みとして彼らが選んだのは，「行動主義心理学」であった。ここで前提とされる人間観（ここでは人間モデル）は，「一時にただひとつのことしか，もしくは少しのことしかできず，また記憶の中に記録され，また環境によって示された情報のうちのわずかの

部分にしか気をつけることのできない，選択し，問題解決する有機体」というものである。彼らは，いわゆる「方法論的個人主義」の立場に立ち，人間の基礎を心理学的な基準でとらえ，意思決定の主体としての側面を強調する。ここでは「組織人間」という視点は薄れ，人間を「自立的個人」として捉えた上で，その行動を規定するものとして，心理的側面を重視している。彼らにとって，組織とは，個人が意思決定するときの心理的な環境要因であり，人間の肉体的・精神的な「合理性の制約」を克服する「手段」として存在していると考えられたのである。

5．「自立的個人」の復権

「組織人間から個人へ」という視点の転換は，1960年代に入りさらに進む。哲学的には，実存主義の影響，心理学的には行動主義の展開を背景として，「自己実現人」と呼べる人間像が登場する。それは，自ら目的を持ち組織の中にあっても管理する側の強制によらず自律的に行動を決定し，その選択には責任をとろうとするという人間像である。ここで重要なテーマとされるのが，「組織目的と個人目的の統合」という問題であった。確固とした目的をもつ個人であればあるほど，組織目的との間でコンフリクトを起こす可能性が高まる。このような場合に，個人目的と組織目的の二者択一ということが困難な場合は，何とか組織目的と個人目的との折り合いをつける必要がある。この場合，組織の目的を何らかの意味で正当なものと認め，この目的と自己目的とを意味のある形で結びつけ，自ら納得した上で行動することが多い。このような人間像を前提としたマネジメントの代表が「目標管理」（Management by Objectives）であると考えられる。つまり，目標管理は，組織の目標から導き出される個人の目標を遂行者自らが設定し，自己統制と自己責任に基づいて遂行することをその基本理念としたマネジメント思想であると言えよう。

こうした考え方に立つもう一つのマネジメント思想が，組織の仕事自体の見直しであり「職務充実」「職務拡大」と呼ばれるものである。この特徴は，個人の動機付けの大きな要因を「仕事そのもの」にあると考え，仕事を組織にとって必要な職務としてのみならず，それを遂行する個人にとっても意味あるものと考え，そこから職務を設計していこうとする考え方である。この

背景には，組織を通じた個人の自己実現への希求があると考えられる[9]。

以上のように1960年代のマネジメント思想においては，組織人間というよりも自立的かつ自己実現を望む成長志向の個人像が現れるようになる。そうした人間像の代表がマグレガー（McGregor）の「Y理論」である[10]。このような思想的傾向は，一見，組織人間から個人重視の立場の転換のような印象があるが，「自己実現の場」としての「組織への信頼」は消えていないように思われる。なぜならば，ここでの個人の満足は，職務を通じた自己統制による自己実現の達成であり，個人目的と組織目的は最終的には統合されるという期待が根底には存在しているように思われるからである。

IV. 20世紀マネジメント思想における「人間像」の崩壊

環境の不確実性を背景に1970年代に登場するのが「コンティンジェンシー理論（contingency theory）」である[11]。ここで「組織人間」という人間像は決定的に変容する。つまり，普遍的な人間像ではなく，環境変化により変容する人間像が登場する。あるいは，環境によって求められる人間観が異なると言い換えてもよいであろう。ここで「組織対個人」というそれまでの図式そのものも変容していく。極論すれば「組織の環境適応」のみが正当化され，組織も個人も固定的な実在としての全体「像」を結べなくなったとも言えるのではないかと筆者は考える。ここでのマネジメントの課題は，「組織の環境への適応」ということに向けられ，その観点では，人間もまた組織の「環境要因」となる。つまり，ある時は組織人間またある時は自立的個人として，環境に適応し変化していく人間像が採用される。価値観の相対化という時代的趨勢もこれに拍車を駆けたと言えよう。「変化」と「適応」を常態として捉えていく社会的リアリティが確立されていく時代の到来をも意味していた。

1980年代には「変化」というリアリティがより現実的になる。また，グローバル社会の進展により，日本型経営に代表される非欧米型モデルへの注目から，それまで前提とされた西欧的な「目的合理的」組織観を見直し，非合理（没合理的）なもの，価値，文化などへの関心が高まる。その代表的論者であるT．ピータース（Peters）とR．ウォーターマン（Waterman）は，ホワイ

トの「組織人間」のような，社会全体に共通の理想像としての人間像も組織像ももはや存在せず，それぞれの企業という個別の文化・価値体系の中でのみ固有のリアリティを持つ人間像が生まれるということを明らかにした。さらに，情報化の進展は，情報ネットワークの中で常にダイナミックに動く「プロセス」としての組織観を生み出した。[12]

このような時代の組織像をあえて示せば，組織とは一定の目的達成を前提とした合理的な用具ではなく，独自の「価値（意味）のシステム」であり，周囲の環境を自ら創造しつつ，それに対応していく「組織化プロセス」であるという考え方である。ここでは，個人もまた意味創造の主体であり，あるときは「組織人間」またある時は「個人」として自らを意味づけて生きていく。むしろそのような自己を絶えず「演じている」存在である。極論すれば，個人や組織という「実体」がまず存在するのではなく，意味の関係性のプロセスがあり，その中から「個人」や「組織」といった「主体」が形成されては消えていく，というようなイメージである。このような社会では，個人の満足と組織の成長というよりも，「関係性の充実」こそまず第一に重要なこととなるのである。

以上のような傾向は，21世紀に入りグローバルなネットワーク社会の進展によりさらに強まっているように感じられる。そして，冒頭で述べたような社会が，今われわれの目の前にある。このような21世紀の社会を描くには，どのような枠組みが必要なのであろうか。

V.「関係性」思想への試み

西欧的近代は「自立的個人」という人間像を確立し，市民社会の進展の中でそれを正当化することによって発展してきたと言っても過言ではない。従って，そのような「個人」を「善なるもの」として認めようとする「心の習慣」がわれわれの中に出来上がってきたとしても不思議ではない。ホワイトが指摘した「組織人間」の登場は，そのような自立的個人が失われかねないことへの恐怖と警鐘でもあった。上述のマネジメント思想の変遷において，「組織人間」は常に「自立的な個人」との対比において，「相互に正当化されるもの」

として物語られてきたと筆者は考える。

しかしながら，21世紀では，そのような二項対立による考え方そのものが意味を失いつつある。そこに現れてきたのは，先述のように「関係性」と「意味形成」に基づく組織像・社会像・人間像である。ここでは個人や組織が先に存在していてそれが関係性を結ぶということではなく，「関係性があってこそ個人と組織が同時に成立しうる」という考え方である。関係性の存在しないところには個人も組織もそして社会も成立しえないということになる。

このような「関係性」あるいは「相互作用」を前提とする考え方は，現代の思想に特有なものではなく，従来の社会や組織の思想のなかに先駆的なものを見出すことができる。例えば社会学ではG. ジンメル（Simmel），心理学ではG. H. ミード（Mead）であり，マネジメント思想ではM. P. フォレット（Follett）がその特徴を有している。もちろん，これらの思想家は活躍した時代も場所も異なり，問題意識も異なっている。しかしながら，筆者にはその根底にある「関係性」とくに「相互作用の動的プロセス」として社会と個人を捉えようとする視点に，極めて共通したものがあるように思われる。そこで，これらの特徴を簡単に示して，「関係性の思想」を切り開く道筋を探ってみたい。

1．ジンメルの相互作用論的社会観

ジンメルは，個人が一定の衝動や目的にかられて相互作用に入るとき，そこにはじめて「社会」と「個人」が成立すると捉えた。個人は相互作用の主体ではあるが，「社会的な糸が互いに結び合う場所にすぎず，人格とはこの結合の生じる特別な様式である」と彼は言う。（Simmel 1908, 翻訳書，21頁）つまり，かれは社会関係の「糸の交点」で人格が形成されると考えた。中世には個人の相互作用は限られていたが，近代社会では個人は自分自身の衝動や目的に従って多くの集団（社会圏）への自由な結合が可能であり，それが人格の形成に大きく影響を及ぼしている。彼は続けて言う。「人格は社会圏に自らをゆだねてそのなかに自らを没却しながら，やがて自らのなかで社会圏を個性的に交差させることによって，ふたたび自らの特性をとりもどす。……すなわち人びとは人格を，その起源からして無数の社会的な糸の交点として，

またさまざまな圏と適応の時期との遺伝の結果として説明し，そしてその個性を，人格のなかで一緒になる種族の諸要素の量と組合せとの特殊性として説明してきた」。(Simmel 1908，翻訳書，21頁)

つまり，関係性そのものが個人の人格を形成し，さらに社会そのものを形成していく，と同時に社会も個人を形成しているというのがジンメルの考え方の特徴である。菅野仁は，このようなジンメルの社会学の特徴を「相互作用論的社会観」と表現し，ジンメルが人間関係の生成プロセスの観点から社会を描こうとしたと指摘する。さらに，ジンメルの視点（まなざし）は社会の外側からの俯瞰ではなく，常に当事者の観点から相互作用が生成される姿を描こうとしたと菅野は言う。(菅野 2003，32-48頁)

2．ミードの自我の形成論

上記のような考え方を，「自我の形成論」から展開したのがミードであると筆者は考える。ミードのいう自我とは，「人間が誕生したとたんにすでにあるものではなく，社会的経験や活動の過程で生じるもの，すなわちその過程の全体およびその過程にふくまれている他の個人たちとの関係形成の結果としてある個人の中で発達するもの」である。(Mead 1934，翻訳書，146頁) さらにミードは，自我（self）は再帰代名詞で，主語(subject)にも客語（object）にもなれるという点を指摘し，人間は自分自身を「対象」として「客観的」に認識することができると言う。つまり，人間は，他者とコミュニケーションすることを通じて自分自身とも対話し，「再帰的に自我を形成する」存在である，ということである。われわれは社会の中で，さまざまな活動を通じて多くの他者と結ばれているが，ミードによれば自我を確立させているのは，このようなわれわれを取り巻く「社会過程」そのものであり，このような経験なしには自我は自我として存在しないとされる。

このようにして獲得した複数の自我を，自分自身のやり方で全体として統一させて，我々自身の自我，つまり「個性」というものを形成しているのが人間である。ミードによれば，そのようなわれわれの「自我」とは，社会全体を構成しているいろいろな側面－社会集団や共同体などーの反映でもあるという。このような共同体や社会集団をミードは「一般化された他者」とよ

び，この一般化された他者の態度を自分自身の中に取り込みつつ，それに反応することによりわれわれは社会関係を築き，自我を形成していると考えた。ミードは次のようにいう。「かれが他人の態度を採用できるようになり，他人たちが行為するように自分自身に向けて行為するようになるにつれて，かれは自我になる。身振り会話が経験を指揮し支配するような行為の一部になるにつれて，自我は発生できる。社会的行為のなかで他人たちに影響をあたえ，つづいて［その影響という］刺激で生じた他人たちの態度を援用し，つぎには，今度はこの［他人の態度の採用という自分の］反応に逆に反作用していく，という社会過程こそが，自我を構築する」。(Mead 1934, 翻訳書, 183頁)

以上のプロセスは，所与の社会環境への個人の一方的な「適応」ではない。個人はある環境への対応を通じて自分自身を変えていくが，それと同時に環境そのものも変えているのである。つまり個人の自我の変化は，たとえ微々たるものであるにせよ，社会や共同体そのものの変化と「同時に起こる」と考えられるのである。このプロセスの中で，個人はあるときには自主的に行為する「主体としての私 "Ⅰ"」であったり，社会的役割や他者の行為を取り入れて行為する「対象としての私 "me"」であったりする。これがミードの描く「関係する社会と個人」の姿であった。

3．フォレットの相互作用論と関係的主体

以上二人の考え方は，社会を「相互作用」「統一体」「創出」の一連のプロセス「円環的反応」として捉えたフォレットのマネジメント思想とも共通する。彼女は個人と社会との関係を次のように表現する。「人は社会過程における一つの単位（a unit）というより，むしろ一つの点（a point）である。そこでは，形成する力が自らを解放し，再び前へと流れ出す。現代の言葉では，人は，社会的要素（a factor）と同時に社会的産物（a product）なのである」。(Follett 1918, p.20) つまり，個人が一方的に社会に対して作用しているように見えても，実際には社会と個人は永遠に相互作用を続けていくものであり，このプロセスにこそ注目すべきであるとフォレットは言う。

このプロセスの中で，フォレットは人間の個性を「個別性」（apartness）や，「相違」（difference）としてのみ考えてはいない。真の個性とは「全体に

対するその人の関係」つまり，個人が他の個人と，そして社会全体と結合する能力—関係の深さと幅—により決定されると考える。もちろん個人には，個別性や他の人々と相違する面もある。しかし，この場合の相違は絶対的かつ静態的な相違ではない。個別性や相違は，人々の相互作用のプロセス（＝社会過程）を通じて変化し，結合されていく。フォレットにとって関係を生み出さない相違や個別性は，「個性」という名に値しないものであった。

　こうした「個性」が組織や社会の中で生かされるとは「全体における自分の場所（place）を見出す」ことであるとフォレットは考える。この場所は，時間や空間の中の定点や「機械の歯車」のような固定的なものではなく，「無限の関係，無限に変化する関係」とされる。つまり，この「場所」というのは，社会的相互作用における個人の全体に対する「役割」あるいは「機能」であり，人間が社会過程の中で個性を発揮するとは，全体の中で自らの機能を見出し，これを主体的に果たしていくことであると彼女は考えた。

　さらに，このことは同時に，機能を通じて「個の中に全体を反映させること」でもあるとフォレットは考えていた。個人とは組織や社会全体の単なる一部分ではなく，あくまでも全体と「関係づけられている」存在であり，それ自体もまた全体性を持っている。つまり，個人は「一つの点における全体」（the whole at one point）でもある。「社会に対する私の価値は，私がいかに価値ある一部分であるかということではない。私は他の誰とも異なっているからユニークなのではなく，特定の観点（a special point of view）から見られた全体を現わしているからユニークなのである」とフォレットは言う。(Follett 1918, p. 66)

　フォレットのこのような個の考え方を，他との関係性を通じて成立する個という意味で，筆者はあえて「関係的個」と名付けたい。[13] この関係的個が互いに相互作用を繰り返すことによって，互いの個性をさらに際立たせるとともに社会全体を成長させる動態的な姿を彼女は描こうとした。また彼女の視点は，ジンメルと同様に，相互作用を行う当事者の立場に常に立ち，そこからの世界を描こうとしていたと考えられる。

　以上，関係性を描くための三つの視点を紹介した。これらは「組織と個人」「全体と個」という二項対立を超えようとする姿勢，すなわち「関係性」と「動

態的プロセス」による社会像の提示という共通点を持っている。このような思想の先に，21世紀の社会の姿がおぼろげながら見えてくるように筆者は思う。この思想の完成が次なる課題となる。

VI．おわりに
――「個人と組織」の20世紀から「関係性」の21世紀へ――

　本稿の目的は，「個人の満足」と「組織の成長」という20世紀からのマネジメントの課題を，21世紀の問題として問い直すために，「個人と組織」という前提そのものについて考察してきた。その結果，「個人」と「組織」というような二項対立的捉え方が，現実問題を解決するための枠組みとしては不十分であるという結論に達した。その限界を超える突破口を「関係性」という視点に求め，上記三人の思想の中に，その糸口を探った。

　最後に，冒頭で述べてきた現代の人々について，今一度思いをめぐらせることにしよう。ツイッターやNSNを通じてコミュニケーションを続ける人々も，時には顔を合わせて文字ではない関係を築くことができるのか。「ライフログ」を作成し続ける人々は，そのデータを通じて他の人々とリアルに関係することができるのか。その関係の中で自分自身の人生の意味を探る道があるのか。明日は違う会社で働くかもしれない派遣の人々も，移り行く関係の網の目の交点で，自分自身の生を生き生きと感じ取ることができるのだろうか。「個人の満足」と「組織の成長」という課題は，先述のように今日においては，「関係性の充実」というテーマとして読み替えられるであろう。そのための新たな理論的枠組みを創り上げること，これがわれわれに課せられた課題であると思われる。

注
1) 哲学者の野家啓一は，語られたものとしての「物語（story）」と「語る行為または実践」（the act or practice of narrating）としての「物語り」を区別している。本稿では，組織論の流れを「語られた客体」としての物語ではなく，語りの主体とその行為を含めた「物語り」として捉えたい。（野家啓一「物語り論（ナラトロジー）の射程」村田晴夫・吉原正彦編『経営思想研究への討究―学問の新しい形―』第1章，文眞堂，2010年，4‐5頁。）
2) II節とIII節については，三井　泉（1997），「『組織人間』とマネジメント思想―組織社会の神話―」（中牧弘允・日置弘一郎編『経営人類学ことはじめ―会社とサラリーマン―』東方出版所収）を加

筆修正したものである。
3）Whyte, W. H. Jr. (1956), *The Organization Man*, Simon & Schuster.（岡部慶三・藤永保訳『組織の中の人間―オーガニゼーション・マン―上・下』東京創元社，1959年。）
4）以下の記述については，Scott, W. G. and Hart, D. K. (1979), *Organizational America*, Houghton Mifflin.（寺谷弘壬監訳『経営哲学の大転換』日本ブリタニカ，1981年。）に基づき，筆者が整理したものである。
5）Taylor, F. W. (1911), *The Principles of Scientific Management*, Harper.（上野陽一訳編『科学的管理法』産業能率短期大学，1969年。）参照のこと。
6）本研究には，神経生理学のE. メイヨー，心理学者のF. レスリスバーガーはじめ，文化人類学者のR. ウオーナー，社会学者G. ホーマンズらが加わった長期にわたる学際的調査であった。これらの学際的視点により「社会人仮説」と呼ばれる人間像が生み出された。
7）代表的文献は，Barnard, C. I. (1938), *The Functions of the Executive*, Harvard University Press.（山本安次郎・田杉　競・飯野春樹訳『新訳　経営者の役割』ダイヤモンド社，1968年。）である。バーナードの人間観は前述のホワイトの「組織人間」における人間観と類似するものと考える。
8）代表的な文献としては，以下二つが挙げられる。Simon, H. A. (1947), *Administrative Behavior : A Study of Decision-Making Processes in Administrative Organization*, Macmillan.（松田武彦・高柳　暁・二村敏子訳『経営行動』ダイヤモンド社，1965年。），March, J. G. and Simon, H. A. (1958), *Organizations*, John Wiley & Sons, Inc.（土屋守章訳『オーガニゼーションズ』ダイヤモンド社，1977年。）上記二冊の人間モデルは若干違いがあるものの，行動心理学（特に認知的側面）を重視し，意思決定の主体として人間を捉えている点で共通していると考えられる。尚，『経営行動』については，1997年に第4版が出版されたが，本稿では，学史上の位置づけを強調するため，あえて初版を参考にした。
9）代表的な文献は，Herzberg, F. (1966), *Work and the Nature of Man*, World Pub. Co., T. Y. Crowell.（北野利信訳『仕事と人間性―動機づけ・衛生理論の新展開―』東洋経済新報社，1968年。）が挙げられる。
10）McGregor, D. (1960), *The Human Side of Enterprise*, McGraw-Hill.（高橋達男訳『企業の人間的側面』産業能率短期大学，1966年。）
11）代表的な文献は，Lawrence, P. R. and Lorsch, J. W. (1969), *Organization and Environment : Managing Differentiation and Integration*, R. D. Irwin.（吉田　博訳『組織の条件適応理論―コンティンジェンシー・セオリー―』産業能率大学出版部，1977年。）ならびにLorsch, J. W. and Morse J. J. (1974), *Organizations and their members : a contingency approach*, Harper & Row.（上村祐一・服部正中・馬場昌雄訳『組織・環境・個人―コンティンジェンシー・アプローチ―』産業能率大学出版部，1977年。）が挙げられる。
12）代表的な文献はPeters, T. J. & Waterman, R. H. (1982), *In Search of Excellence*, Harper & Row.（大前研一訳『エクセレント・カンパニー』講談社，1983年。）ならびにWeick, K. E. (1979), *The Social Psychology of Organizing*, 2nd ed., Addison Wesley.（遠田雄志訳『組織化の社会心理学』第2版，文眞堂，1997。）である。
13）この点については筆者の以下の文献を参照されたい。三井　泉 (2009)，『社会的ネットワーキング論の源流―M. P. フォレットの思想―』文眞堂。

主要参考文献（注で示された以外の文献）

Follett, M. P. (1918), *The New State : Group Organization the Solution of Popular Government*, Peter Smith (reprint 1965).（三戸　公監訳，榎本世彦・高澤十四久・上田　鷲訳『新しい国家―民主的政治の解決としての集団組織論―』文眞堂，1993年。）

Graham, P. (1995), *Mary Parker Follett: Prophet of Management: A Celebration of Writings from the 1920s,* Harvard Business School Press.（三戸　公・坂井廣正監訳『M・P・フォレット：管理の予言者』文眞堂，1999年。）

Mead, G. H. (1934), *Mind, Self and Society: From the Standpoint of a Social Behaviorist,* University of Chicago Press.（稲葉三千男・滝沢正樹・中野　収訳『精神・自我・社会』青木書店，1973年。）

Roethlisberger, F. J. and Dickson, W. J. (1939), *Management and the Worker,* Harvard University Press.（野田一夫・川村欣也訳『経営と勤労意欲』ダイヤモンド社，1954年。）

Simmel, G. (1908), *SOZIOLOGIE: Untersuchungen über die Formen der Vergesellshaftung,* Duncker Humblot.（居安　正訳『社会学』上・下，白水社，1994年。）

Wren, D. A. (1994), *The Evolution of Management Thought,* 4th ed., John Wiley & Sons. （佐々木恒男監訳『マネジメント思想の進化』文眞堂，2003年。）

菅野　仁 (2003), 『ジンメル・つながりの哲学』日本放送出版協会。

7 経営学史における組織と時間
——組織の発展と個人の満足——

村　田　晴　夫

I．はじめに

　本大会の統一論題「経営学の貢献と反省—21世紀を見据えて—」にたいして，「経営学史における組織と時間」の観点から応えたい。

　経営学が刻んできた歴史は，企業文明（村田 2010a, ⅰ頁；村田 2010b, 105頁）と呼ぶべき20世紀文明の形成と発展に貢献し，かつその文明の時間を写しとっていることが本稿の基本的な主張である。企業文明の特色は機械論的時間（ニュートン時間[1]）の優越である。しかし組織の本質をなすのは有機体の時間である（村田 1984, 第4章第5節「組織の均衡——バーナードの時間観に基づいて」）。そのことが覆い隠されて，企業のおかれている全体状況を見る経営学の眼差しが機械論的時間に偏ることになる。ここに反省がある。その反省の観点から，21世紀を見据えて，経営学史の新たな未来への生成を「マネジメントの解釈学」として提起したい。ここで「有機体の時間」とは，ホワイトヘッド＝バーナード理論に基づいてこれまでにわたしが主張してきた「有機体の論理」（村田 1995a；村田 1984, 第4章第5節）を踏まえたものである。

　そして，副題に掲げられた「組織の発展と個人の満足」は，今回の統一論題の組織論領域において与えられた課題である。このテーマは，人間とはいかなるものか，組織とはいかなるものか，そしてそれらの関係はいかように捉えられるのか，という根本的な問題を提示する。本稿の主題「組織と時間」はまさにここに関わってくる。

　企業文明には光もあるが影もある。この度のフクシマ原発事故はその影の

部分の現われであった。「具体性置き違いの誤謬」(Whitehead 1967, p.51, 翻訳書, 67頁; Barnard 1938, p.239n, 翻訳書, 250頁), これである。抽象的観念なくして論理的思考はありえない。そして意思決定や経営判断には分析と抽象化を踏まえなければならないが, 意思決定自体は総合なのである。分析的知識は科学の方法によって鮮明化される。しかし, 科学それ自体は抽象化された前提の上に立っている。にもかかわらず科学のもたらすものをそのまま具体者に置き換えることの誤謬, これが経営において自覚されていなければならない。ここにわれわれの経営学史における反省の視点がなければならない。

それぞれの組織にはそれぞれの時間がある。組織の時間は, 企業文明に根差しつつ, 企業文明に促されて立ち上がり, 一つひとつの組織が自らの独自の時間を生み出し, 組織の活動をなす。その成果はそのつど企業文明に返される。

企業文明の時間と組織の時間が交差するところに自己を超越する時間が入り込む。そのときに「具体性置き違いの誤謬」をおかしてはならない[2]。

放射性廃棄物の時間は文明の時間を超える。それは組織の時間をはるかに超越する, マネジメントの及ばない無機的時間である。このことがわたしに「組織と時間」というタイトルを選ばせた理由である。

II. 経営学の歴史と企業文明——貢献と反省——

1. 組織論の二つの流れの中で
——組織論の機械論的な展開と有機体論的な展開——

上に述べたように, 20世紀の文明は企業文明と呼ばれるであろう。それは, 人々の生活様式が企業によって提供され, 支えられ, 展開してきたこと, そこに絶えず新しい市場が形成され, 市場を中心とした活動がビジネスによって具体化されること, そして人々の共有する思想が経営的心性(ビジネスマインド)(村田 1995b)によって支配されるようになってきたことを意味する。

経営学はかかる企業活動の展開とともに誕生し, 育ち, 発展してきた。

企業文明の形成と展開の歴史においては, 基本的には機械論的時間が優越

しており、それが同時にまた、経営管理論を主軸として語られる経営学の歴史の主流となってきたのである。経営学は企業文明の形成と展開に貢献し、その歴史はまた企業文明の形成と進展の思想的側面を表しているのである。

科学的管理法に表われる人間観は経済人のそれであり、利己心に基づく経済合理性を基本に据えて組織も設計して行こうとする。一定の価値観と目的を前提として、人間も組織も機械的な機能面で捉えることになる。このような人間観・組織観を、機械論的と呼ぶ。機械論的とはすなわち科学的・合理的ということであり、人間の有機体としての具体性は捨象されている。

それにたいして人間を物的要因と心的要因そして社会的要因の統合体として捉え、その生かされてある諸連関において、生きている有り様そのものとして捉えようとする見方を有機体論的と呼ぶ。有機体論的見方においては、人間自体の価値、目的、情緒性をそのまま認めて行こうとするのである。そしてさらに、それらの心的な要因を組織においても同様に捉え、人間と組織の内側から垂直的にそれらの諸連関を捉えて行く。人間の欲求自体がどこから来るのかも問われることになろう。このことは直ちに合理性を排除することではない。合理性においてもまた常に、価値・目的・情感という要因が伴なっていると考えるのである。

企業文明において、そしてまた経営管理思想の歴史において、機械論的時間が優越してくるとは言え、部分的には有機体論の考え方があったのであり、そのことは組織論の歴史を見ることによって窺い知ることができる。

既にわたしは20世紀の時代の管理思想の歴史区分を試みておいた（村田 1990, 第9章「時代と管理」）が、それを基礎として、また若干の追加も加えて、組織観そしてシステム論から見た20世紀企業文明の管理思想の歴史的流れにおける機械論と有機体論の絡み合うところを概観しておきたい。

(1) 機械論的組織観の幕開け——20世紀の初めから第一次大戦まで——

テイラー（F. W. Taylor）による科学的管理法以来、実践へと進む管理の理論と技術の客観的合理性が追究されてきた。それは新しい資本主義社会の進展に刺激を与え、逆にまた、その資本主義的展開の具現である企業文明から刺激を受け取ってきたのである。

またファヨール（H. Fayol）においては、『産業ならびに一般の管理』

Administration industrielle et générale という彼の著書の表題に表われているように，組織一般の管理という視野の広がりを持っていた。

テイラー，ファヨールにおいては，組織は目的追求のための合理的手段として設計されるものであった。この流れは基本的にいまもなお引き継がれている。

マックス・ウェーバー（Max Weber）においては，組織の最も合理的な形態として近代官僚制組織が考察された。

これらによって代表される時代，すなわち20世紀の初め頃からほぼ第一次大戦に至る時代は企業文明の世紀の幕開けであり，科学的合理主義の管理時代の幕開けである。そして機械論的組織観の始まりの時代である。

(2) 有機体論的組織観の展開
　　　　──戦間期（第一次大戦後から第二次大戦まで）──

目的達成への客観的合理性と，そして満足の充足という主体の過程をともに内包する組織の人間的な考察を基盤に据えて理論化したのがバーナード（C. I. Barnard）であった。それにわずかに先だって，フォレット（M. P. Follett）が有機体の思潮を告げていたことも言っておかねばならない。

バーナードの時代は第一次大戦と第二次大戦の間の時代であり，有機体論への眼差しが見られる時代であった。バーナードの人間観はいわゆる全人仮説（飯野 1978，112頁）と呼ばれているが，言い換えればこれは有機体として人間を見るということである。有機体としての個人とは，人間の多様な満足の有り様がそのまま捉えられることになるのである。バーナードはこの満足の達成を efficiency と呼んだ。これは実に象徴的な用語である。この時代はまた，メイヨー（G. E. Mayo），レスリバーガー（F. J. Roethlisberger）による人間関係論，社会人仮説が現われる時代でもあった。

そしてニックリッシュ（H. Nicklisch）もまたこの時期に当たることに注意しておこう。

(3) システム論あるいは構造志向の展開
　　　　──第二次大戦後，ベトナム戦争まで──

第二次大戦後には，システム論の展開が盛んになる。

ベトナム戦争のころまでのこの時代における一つの特徴は，構造としての

システムがあって物質と情報の流れを処理する，という観念が中心に置かれたことである。この時代は，言語の構造から人類学的構造への志向が見られるのであり，システム論においてもまた構造志向的であった。

サイモン（H. A. Simon）は自らがこの時代のシステム論の発展に貢献した。制約された合理性という考え方，経営人という人間観，そして方法論的には論理実証主義に立つ彼の観点に示されるのは，第二次大戦後のこの時代における豊かさを含んだ一つの実証的知見の展開であった。

(4) 構造から過程へ——ベトナム戦争後——

ベトナム戦争をはさむそれ以降の時代には各分野で，過程への指向性が現われてくる。構造中心の指向性から過程を重視する指向性へと変化し，展開して行くことが見られるのである。プリゴジン（I. Prigogine），ルーマン（N. Luhmann）らが代表的である。ホワイトヘッド（A. N. Whitehead）の哲学（その主著のタイトルが『過程と実在』である）への回帰が見られるのもこの時代である。

この傾向は組織論でもまた，マーチ（J. G. March），ウェイク（K. E. Weick）ら，意味指向，文化価値指向の組織論が盛んになってくることと同調する。わたしはこの時代を「有限性の時代」と呼んだ（村田 1990）。私見によれば，ベトナム戦争期からそれ以降の時代は，それまで楽観的に無限と信じていた自然環境の実質が，にわかに有限なるものであることがつきつけられ，合わせて人間の繁栄と文化の興隆にも限りがあることが自覚されてきた時代なのである。ベトナム戦争期は日本における公害の時代とも重なるが，それを通して科学技術に対する問い，資本主義への問い，生きる意味への問いと関心が高まり，そしてそれらの関心が次第に変質し，社会主義国家の崩壊の時代へと繋がり，グローバリゼーションの時代に入るのである。

この時代に起こった組織論の新しい潮流には，暗黙のうちにそういう時代潮流が反映しているのである。

稲村　毅はこの時代の組織論の新しい傾向を「非合理主義的組織論」として整理している（稲村 1994）。

庭本佳和はこの時代におけるバーナード理論の復権をマーチとウェイクらに見ている（庭本 1995）。

しかしなお，人間は有限性を覆い隠す別の道を見出そうとする。その現われが既に読みとれる。ひとつが情報技術であり，もうひとつが生命技術，そして他のひとつが原子力技術である。いずれも当面の時間を超えた過剰な継続性を技術論的に求めている。それらの諸技術の展開の様相が示しているのは，有限性の自覚を欠いていること，したがって美的調和から遠ざかっていることである。

 上に示したような，そして世界史的な変化も起こった1990年代からの様相にたいして，企業文明における経営管理思想のどのような時代区分が設けられるであろうか。わたしは，この1990年代からの時代に予想される問題を提起しておいた。人間性の問題，文化多元性の問題，そして環境問題である（村田 1995a）。経営思想あるいは管理思想において，これらの問題を包括する有効な思想が現われているであろうか，あるいは今後現われるであろうか。今後の課題である。

 以上で，経営学の企業文明に対する貢献について語った。以下では反省について語る。そしてそこから21世紀を見据えて，新しい経営学を語る。企業文明への貢献と反省，そして21世紀を見据えての新しい経営学の展望を結ぶキーワードは「具体性置き違いの誤謬」である。

2．具体性置き違いの誤謬──バーナードの警告──

 先にも述べたように，企業文明とともに歩んできた経営学の歴史において，反省すべきことの根本にあるものは，経営の現場と，そしてまた経営学の発展の流れの中で，具体者の実像を捉える眼差しに欠けたことである。バーナードにはそれがあったにも関わらず，その後の展開には受け継がれることが余りにも乏しかった。

 バーナードが注意している「具体性置き違いの誤謬」というのは次のことであった。すなわち，分析的知性の作業は抽象化を伴うのであるが，それによってもたらされる知をそのまま組織と経営管理における実践総合の具体的知と置き違えることである（Barnard 1938, p.239n, 翻訳書, 250頁）。

 「具体性置き違いの誤謬」Fallacy of Misplaced Concreteness は A. N.

ホワイトヘッドの哲学的知見に基づいている（Whitehead 1967, p. 51, 翻訳書, 67頁）。ホワイトヘッドによると，近代科学は次のような抽象化された前提の上に成立している。すなわち，物質はそれ自体として無感覚，無価値，無目的であって，外的関係によって決められた運動をするだけだ，というものである。このような考え方をホワイトヘッドは「科学的唯物論」と呼ぶ（Whitehead 1967, p. 17, 翻訳書, 23-24頁）。

近代科学が根本前提に置くこういう考え方は一つの抽象化された前提の上に立っているというべきである。その抽象化ゆえに近代科学は精緻な理論を手にしたのである。それは評価されなければならない。問題はその抽象化されたところまでをそのままただちに具体的現実の経験そのものの意味であると取り違える陥穽に陥ることである。

これが「具体性置き違いの誤謬」である。

われわれの日常の思考には抽象化が不可欠である。文明社会には，その時代における一定の抽象思考の様式がある。そしてそれを批判するのが哲学の役割だというのがホワイトヘッドの考え方であった（Whitehead 1967, pp. 58-59, 翻訳書, 77-78頁）。

そしてバーナードによる組織理論は，組織を「有機体の論理」によって理論化し，意味づけるものとして，画期的であった（村田 1995a）。「有機体の論理」はホワイトヘッドの「有機体の哲学」を踏まえている。

組織は意識によって秩序化される協働の場である。二人またはそれ以上の人々が，意識的に調整された活動の場で協働する。組織の協働活動は感覚的であり，価値的であり，目的的であることを含んでいる。それゆえこのように捉えることは，有機体の論理の要件を満たしている。

それでもなお，バーナードは全体状況の把握について慎重である。「具体性置き違いの誤謬」について自らをも含めて警告しているのである。

これに対して，科学的思考の方法をそのまま組織の活動に当てはめたときに，科学的に抽象化された概念を前提することになる。その場合には，組織からは，感覚的なものが切り捨てられ，価値の側面は対象から外され，目的は与件として前提されて，目的をそれ自体として論ずることは理論上は切り離される。

テイラーの科学的管理法，そしてサイモンの組織理論を想起されたい。

テイラーの場合には，機械論的時間が対象になり，有機体のリズムは捨象された。サイモンにおいては，価値前提が考察の対象の外におかれた。

有機体の時間のリズムを機械論的時間に置き換えることによって成立する科学の理論は，具体的現実から科学的思考の目で抽象化したものである。そのこと自体が退けられるのではなく，その理論とそこから得られる成果をそのまま現実の存在そのものの具体化であると信ずることが誤謬なのである。

機械論的時間の優越は「具体性置き違いの誤謬」を無視することになる。「具体性置き違いの誤謬」にたいする警告を経営思想において活かすことができなかったこと，これが反省である。

III. 組織の時間と文明の時間——21世紀を見据えて——

1．組織の時間と個人の時間，そして文明の時間

協働システムが一つの有機体であって持続性を持ちうるのは，協働システムの統合を担う公式組織の持続性による[3]。

有機体の論理から見るとき，組織（協働システム）は，人間，社会，自然との関係において生成されていると考えられねばならない。生成されつつ自らを生成する，これが過程として在るということである。それによって，組織の時間はこれら三元の総合として現われ，組織独自の時間を紡ぎ出す。これが組織一般の有機体の論理であるが，われわれの課題である企業文明の軸足から見れば次のような三元の時間になる。

① 人間有機体に対応する時間，② 市場における競争原理のルールに対応する時間，そして ③ 自然環境に対応する時間である。

現代企業組織においては，組織合理性の時間は競争原理の時間が支配する。人間個人の時間は，自らの有機体の時間から離れて，この組織合理性の時間に適応させられる。組織合理性を受け入れる限りにおいて，個人は自由を感じるであろう。その意味で，機構的全体主義に取り込まれているのである（村田　1990，第9章第6節「機能的個人主義即機構的全体主義」）。ここにも企業文明における抽象化が忍び込んでいる。個人の当面の満足は充足しても，個

人の主体性は機構的制度に取り込まれていて、主体的創造性は育たない。そうして組織の創造性は失われ、企業文明が退落するであろう。

　自然環境を傷つけることは、自然的世界の時間に企業文明の時間が侵入することを通して起こるのであり、そしてそこに参加するのが企業組織の時間なのである。

　科学技術がもたらす企業組織の時間は、フクシマ原発事故で見るように、組織の時間を超えている。

　このように、組織の時間は自己の時間を超えて文明の時間となるのである。それがなお文明の時間をも超えるとされるのが放射性廃棄物の時間である。しかもこれが「具体性置き違いの誤謬」と重なるときに、最も重い責任が発生するであろう。

2．新しい学としての経営学「マネジメントの解釈学」

　21世紀の文明はますます危機に立つであろう。金融資本主義の世界が拡大し、文化価値の多様化と抗争が進む。そしてマックス・ウェーバーのいう通り、精神のない専門化だけが進んで行って、人間性は見失われる。そして自然環境の傷は深くなるばかりであろう。このような21世紀の文明の頽廃を見ざるを得ない。

　新しい学としての経営学が21世紀を見据えるものであるためには、それらの諸問題に対応する学でなければならない。本稿では近代科学技術に対する「具体性置き違いの誤謬」に焦点をあてたが、その視点は広く以上の問題をも包摂していると思う。

　そのような新しい学へのステップとして本稿で提唱するのは、仮に「マネジメントの解釈学」と呼びたいものである。

　「マネジメントの解釈学」が持つべき要件は、第一に「具体性置き違いの誤謬」の克服である。そのためには、機械論的な組織論を排除するのではなく、それを包括する一段高次のものを生み出すことである。この包括の論理がバーナード理論を出発点とする「有機体の論理」である。したがって「マネジメントの解釈学」は、バーナード理論のエッセンスを「解釈学」として捉え直すことから始まるであろう。

バーナード理論の頂点は管理責任の性質を以下のように論じたところにある。すなわち，経営における最高の責任は組織道徳の創造にある。それは「共同目的 common purpose に共通な意味を与え」て協働への信念を人々の間に生み出すものである。道徳性は「ふかく過去に根ざし，未来永劫に向かっている」のであり，そこから「人々の目的を形成する精神」を生み出すことなのである（Barnard 1938, pp.283-284, 翻訳書, 296-297頁）。

「マネジメントの解釈学」の基点はここにある。それは，経営の理念と意味を全体状況において解釈して実践へのマネジメントにおいてそれを具体化することなのである。

稲村　毅は先に引いた論稿（稲村 1994，118頁）で，非合理主義的組織論の展開で語られる諸流派は，「目的合理性の否定」という関門を設けていることに疑問を呈している。同感である。また分析的論理を排除して解釈主義的な現象学的認識論の上に立たざるを得ないというのはどうであろうか，という問題提起はまことにそのとおりであろう。

わたしがここで提唱したいのは，分析的論理を内包するマネジメントの解釈学である。

近代科学の知見には十分な敬意を払うことは当然である。そのもたらす意味を「適切に解釈する」[4]（Whitehead 1967, p.17, 翻訳書, 24頁）ことがたいせつなのである。その解釈においては，近代科学の知見，あるいは分析的論理から得られる知見は，全体状況の中におかれて解釈されなければならない。その全体状況を語るものが有機体の論理である。

「有機体の論理」として提示されたのは，①組織は人間によって受け容れられていなければならないこと，②組織は社会において受け容れられていなければならないこと，③組織は自然的世界の中で受け容れられていなければならないこと，であった（村田 1995a）。

マネジメントの解釈学はそこから出立する。組織の受容と生成の関係が解釈されなければならない。組織とその活動が受け容れられるためには，受け容れる側に主体的調和と満足がなければならない。「受け容れる」という主体的調和の意味は，外から横並びに見るだけでは見えないであろう。感覚，価値，そして目的といった心的要因が内側から垂直的に解釈されなければなら

ない。それぞれの意味が総合されて組織活動の生成へと結ばれて行くのである。

　フクシマ原発事故を見れば，これは人間にも，社会にも，自然にも，受け容れられないものであろう。ここで人間は，未来の人間たちを含むことに気づかされる。「組織の発展と個人の満足」という論題はこのような意味にも拡大されよう。

　新しい経営学にとって，マネジメントの解釈学がいかなる性格のものであるか，略述すれば以下のごとくである。

(1)　企業文明における経営の哲学的批判，すなわち「具体性置き違いの誤謬」の反省

　組織の時間と文明の時間とがどのように交差するのか，そして人間の時間，自然の時間との交差はいかなる様相かを解釈することを通して「具体性置き違いの誤謬」を反省すること，すなわち企業文明における経営の哲学的批判への土壌を準備すること。これが出発点であり，また帰結点でもある。以下はそのステップである。

(2)　有機体の論理による解釈

　組織の時間はそのつどひとつの価値の実現である。その価値が，人間に，社会に，そして自然によって受け容れられつつ，組織は自らを創造するのである。有機体の論理によってそのつど，これが解釈されなければならない。

　そのとき，「受け容れられる」ということの解釈の前提には，組織の目的，価値，感覚への吟味が要請されている。すなわち，(a) 組織の目的が受け容れられていること，(b) 組織が実現する価値が受け容れられること，(c) 組織の時間に美的調和があること，が要請されるであろう。

　人間に受け容れられるかという問いを中心に考えてみよう。この問いは，社会的受容の問題そして自然的世界による受容の問題へ繋がって行く。

　先に示唆しておいたように，人間への問いは未来の人間たちも含む。これは文明論的課題と連結する。経済人，工作人を超えて，生活世界における人間として，未来の人間たちを含めて全人的に吟味されなければならないであろう。

　そして目前の問題としては，その組織活動が，人々の目的形成の精神にど

のように反映されるのか，これが解釈されなければならない。
　ビジネスが人々に受け容れられるとき，人間自身の新しい生活世界がそれによって生成される。そして生活世界はさらに新しいビジネスチャンスを生み出す。進行して行くビジネスが，いかなる関わりを人間に対して持つのか。それはいかなるビジネスチャンスをもたらすのか，解釈学的に循環する。
　(3)　文明の解釈と解釈学的循環
　マネジメントの解釈学は経営学史の解釈を大きな柱とする。経営学は21世紀の文明にも貢献するであろう。マネジメントの解釈学は21世紀の文明の解釈に関わらなければならないが，そのことは経営学の歴史を解釈することを通しても行われよう。それゆえ，マネジメントの解釈学はまた，21世紀の経営学の歴史によって生成されるのであり，そしてそれは21世紀の文明によって媒介される。これは一つの解釈学的循環である。
　(4)　多様な先行的価値観にたいして
　予想される多様な価値観は，解釈の状況に多様性をもたらすであろう。そのために要請される方向性の基準あるいは背景となるのは，①価値と目的における整合性と②美的調和の感覚であり，③歴史における悲劇を背景化して共有しておくことである。
　(5)　経営思想と創造性
　経営と経営思想の歴史を，マネジメントの解釈学を土台として解釈すること。
　以上を総合して，経営思想の豊かさと，柔軟な創造力を養うことが求められる。

Ⅳ．むすび

　フクシマ原発事故は，「具体性置き違いの誤謬」によるひとつの現実である。
　経営学史において，バーナードはそのこと，「具体性置き違いの誤謬」，を明瞭に訴えていた。組織に働きかけるすべての経営的判断は，あくまでも全体状況に対する理解を背景としている。科学的知識は全体状況の中におかれて理解されなければならない。このことは経営学史の上に点としての位置づ

けでしか見えなくなり，継承され，展開され，発展される線としての力にはならなかったように見える。

　人類は20世紀において科学技術の巨大な力を手にし，それを中心に据えて組織を造り，企業活動を発展させてきた。

　近代組織は合理性を追求し，それ自身巨大な力を産み出す機械として機能した。そこからは次第に組織のリズムを中心として生活のリズムが造り出され，それらの全体は市場のリズムとなって，いまやグローバルに世界を覆い尽くす。そして支配関係は逆転して，市場のリズムによって支配されるようになってきた。

　単に「いま」という時間だけが強調され，その機械論的時間が人間を支配する。人間の時間は近代組織の時間に吸収され，人間は自らの時間を忘れて精神なき専門人と化した。それでよいのだろうか。「いま」しか考えない刹那的現在形の意識においては，時間のもつ重要な意味が無視され，忘却される。

　そのことをまざまざとえぐり出したのがフクシマ原発事故であった。

　近代企業の造り出す時間は，今や未来世代をも支配しようとする様相を示している。

　科学技術の時代は企業活動によって担われる。そしてそれは新しい文明をもたらし，企業文明と呼ぶべきものを形成してきたのがこの20世紀であった。その始まりはテイラーの科学的管理論であった。経営学はその企業文明の展開とともに発展し，あるいは企業文明の展開に大きく貢献してきた。

　バーナードによる組織論の創始は，機械論的近代を包摂しうる有機体論の内容を示していた。しかし，バーナードのこの最も重要な理論基盤は主流にはならなかった（三戸 2000）。それだけではなく，われわれはバーナードの哲学的含意を十分に発展させることがなかった。これが反省である。庭本佳和の「近代科学論を超えて」（庭本 1983）から，『バーナード経営学の展開―意味と生命を求めて―』（庭本 2006）に至る論稿があったし，他にもこの方向への研究は多くあった。またわたし自身も拙著『管理の哲学』（村田 1984）以下の諸論稿でも展開してきたが，それらを踏まえて，近代科学知と実践を解釈するマネジメントの解釈学を打ちたてることが21世紀の経営学でなければならない。

われわれが担うべき新しい学としての経営学の視点は，科学技術を否定的に扱うことではなく，その抽象性を解釈において具体化のマネジメントに結びつけることに貢献することである。そのマネジメントの解釈学は，経営思想によって育まれるというのがわたしの考えである。

経営学史はその解釈の場を準備するとともに，経営思想と経営実践の解釈を通して，新たな経営学史の時間を生み出すのである。

ここでは語ることが出来なかったもう一つの問題は，21世紀の文明論的予見の問題である。その一つの焦点は人口減少の問題である。組織のありようが問われる。それも含めて，マネジメントの解釈学の課題の一つである。

マネジメントの解釈学は経営思想と相互に連関する。そしてその故に，経営的心性には豊かな理解力が追加されなければならないのである。それに加えて，目的形成の精神力と美的調和への感覚が求められるであろう。

注
1) 本稿ではニュートン時間を機械論的時間と言い換えている。ニュートン時間と有機体の時間については，提示した文献（村田 1984，第4章第5節）を参照されたい。ニュートン時間では時間はそれ自体として一様に流れて行くと考えられるが，有機体の時間は諸要因の相互連関において生み出されるものである。
2) 吉原正彦は同様の主張を生活世界との関連で論じている（吉原 2012年）。
3) 本稿では協働システムと組織は厳密な区別をしないで用いている。
4) ホワイトヘッドは「適切に解釈されれば，（科学的唯物論は）間違った考えではない」と述べている。

参考文献
Barnard, C. I. (1938), *The Functions of the Executive*, Harvard University Press.（山本安次郎・田杉 競・飯野春樹訳『新訳 経営者の役割』ダイヤモンド社，1968年。）
Whitehead, A. N. (1967), *Science and the Modern World,* The Free Press (first ed. 1925).（上田泰治・村上至孝訳『科学と近代世界』松籟社，1981年。）
飯野春樹 (1978),『バーナード研究』文眞堂。
稲村 毅 (1994),「非合理主義的組織論の展開を巡って」経営学史学会編，経営学史学会年報第1輯『経営学の位相』文眞堂。
庭本佳和 (1983),「近代科学論を超えて」『大阪商業大学論集』第65号。
庭本佳和 (1995),「現代経営学とバーナードの復権―バーナード理論研究の過去と現在―」経営学史学会編，経営学史学会年報第2輯『経営学の巨人』文眞堂。
庭本佳和 (2006),『バーナード経営学の展開―意味と生命を求めて―』文眞堂。
三戸 公 (2000),「経営学の主流と本流―経営学百年，鳥瞰と課題―」経営学史学会編，経営学史学会年報第7輯『経営学百年―鳥瞰と未来展望 』文眞堂。
村田晴夫 (1984),『管理の哲学』文眞堂。
村田晴夫 (1990),『情報とシステムの哲学』文眞堂。

村田晴夫 (1995a),「バーナード理論と有機体の論理」経営学史学会編, 経営学史学会年報第2輯『経営学の巨人』文眞堂.
村田晴夫 (1995b),「転機に立つ現代文明―『有機体の論理』へ向けて―」プロセス研究シンポジウム, 田中　裕他『ホワイトヘッドと文明論』行路社.
村田晴夫 (2010a), 村田晴夫・吉原正彦編『経営思想研究への討究』文眞堂.
村田晴夫 (2010b)「人間・社会・自然における企業の地位―事業の目的と使命―」日本経営学会編『社会と企業：いま企業に何が問われているか』(経営学論集80集).
吉原正彦 (2012)「経営学の思想と方法」経営学史学会編, 経営学史学会年報第19輯『経営学の思想と方法』文眞堂.

第Ⅲ部
論　攷

8 現代企業史とチャンドラー学説
―― その今日的意義と限界 ――

澤 田 浩 二

Ⅰ．はじめに

　チャンドラーはその経営史研究において大規模で垂直的に統合されていて，確立された階層的管理組織を持つ現代企業（modern business enterprise）[1]が中核的な企業となった歴史的過程について明らかにした。こうした現代企業の成立，発展についての歴史的な展開やパターンに関するチャンドラー学説は経営史の上での大きな学問的業績とされてきた。日本においてもこれまでにチャンドラーの主要な著書について多くの紹介や論評が行われてきたが，概してチャンドラー学説を経営史研究の金字塔として高く評価してきた。
　しかし近年では，チャンドラー学説に対する批判的検討も活発化しており，次のように論じられている。例えば宇田（2002）によれば，Chandler（1990）の発刊後，チャンドラー学説に関して二つの大きな研究上の問題点が指摘され，その批判が行われるようになった。第1に，チャンドラー・モデルに対する批判である。この批判には概念の範囲に関するものと説明時期に関するものがある。前者はチャンドラーが取り上げた現代企業が中間組織，すなわち日本の系列のようなネットワーク型の組織を含意しないことにその焦点がある。後者はチャンドラーの現代企業のモデルが20世紀後半まで適用可能かという問題である。第2に，「チャンドラー・モデル」の適用の仕方に関わる問題がある。アメリカで出現した現代企業という経済制度におしなべて各国企業が収斂していくという見方への批判である。[2]
　そしてチャンドラー学説の意義を考察する上では，チャンドラーがその経営史研究において組織能力をどのように位置付けているのかということを考

察することが不可欠である。なぜならチャンドラーは現代企業の競争優位性や成長性を規定する要因として組織の職能レベルの能力，すなわち組織能力に焦点を当てて，それを中核的な概念として経営史を論述しているからである。チャンドラーの提示している組織能力論は今日の企業の持続的な優位性や成長性を説明する上でも重要な概念であり続けている。本稿では，組織能力概念に焦点を当てることによって，チャンドラー学説の今日的意義を明示している。さらに既存大企業を重視しているチャンドラー学説の限界を提示している。

II．チャンドラー学説の基本的特徴

1．大企業体制の確立

　チャンドラーは現代企業が中核的な経済制度になった歴史的過程を描写したが，その代表的著作とされる3部作では以下のことについて論述している。Chandler（1962）ではアメリカの経営史において現代企業の発展の過程においては多角化戦略に対応して事業部制組織が採用されたということ，すなわち企業戦略に適した組織形態が採用されたという一般的なパターンがあることを明らかにしている[3]。

　Chandler（1977）では19世紀から20世紀半ばにかけてのアメリカにおける現代企業の成立，発展のパターンを明らかにしている[4]。現代企業の特徴は，第1に，多数の異なった事業単位を持ち，第2に，階層的に組織された俸給経営者によって管理されていることである[5]。つまり現代企業は垂直統合化された事業システムを持ち，トップ，ミドル，ロワーの経営管理者から構成される三大階層的管理組織を構築し，財の流れの管理的調整を行っている。こうした現代企業は19世紀半ばに始まった市場と技術の根本的変化への対応として生じ，1920年代には経済制度として成熟した[6]。このようにChandler（1977）では垂直統合企業の形成の歴史的展開を説いている。

　Chandler（1990）では現代企業の成立の条件として三つ又投資（three pronged investment）が必要であるとしていて，その重要性を強調している。三つ又投資とは生産，流通，マネジメントへの投資のことである[7]。三つ又投資によっ

て現代企業が成立，発展したことをアメリカ，イギリス，ドイツの比較経営史を通じて明らかにした[8]。このように生産，流通のような職能組織の垂直統合化と経営階層組織の構築が現代企業の成立の要件であるが，チャンドラーはさらに組織能力（organizational capabilities）という概念を新たに用いている。組織能力は規模の経済，範囲の経済を活用していくことと関わっている。チャンドラーは現代企業の成立，発展の経済的背景について規模の経済，範囲の経済という視点から説明している[9]。規模と範囲の経済による費用の低減を達成するためには最小効率規模（minimum efficient scale）を維持するための通量（throughput）を確保する必要があるが，それは潜在的には生産設備の定格能力（rated capacity）で決まる。しかしながら実際には経営陣や経営管理組織による絶え間ない調整，つまり組織された人間の能力に依拠している[10]。

このようにチャンドラーは組織能力についてトップ，ミドル，ロワーの経営管理者及び，現場労働者の技能と規模と範囲の経済を完全に活用するための生産と流通の設備を含んだものであると論じている[11]。つまり組織能力とは一つの統合体としての企業の持つ力であり，物的施設と人的技能を含んでいる[12]。当該産業において最初に三つ又投資を行い，組織能力を確立した一番手企業（first-mover）が競争において優位であるが，多くの産業では挑戦者企業が現れ，一番手企業と競争を繰り広げた[13]。チャンドラーは組織能力を確立した既存大企業が競争優位性を持続することを「３つの主導的な産業国家」の経営史の研究から明示している。

2．2000年以降の著作における新たな展開

チャンドラーは2001年と2005年に刊行した著作でハイテク産業の経営史について論じているが[14]，ここでは３部作とは異なる新たな展開が見られる。ここでチャンドラーは組織能力論を発展させ，学習組織能力（learned organizational capabilities）という概念を提示している。学習組織能力は組織学習の過程を通じて創出される技術上，職能上，経営上の３つの種類の知識に基づいている。組織能力は研究，開発，製造，マーケティングの諸活動を統合，調整する企業の能力に関わる「統合された学習ベース（integrated learning bases)」となる。統合された学習ベースを確立した一番手企業や中核企業が当該産業の継続的な発展の方向性を規定する学習経路を形づくる。

そしてチャンドラーは支援的ネクサス（supporting nexus）という当該産業の一番手企業，中核企業を支援する企業の集合体について言及している。支援的ネクサスとは，例えば，資本設備や原材料を供給する企業，リサーチ・スペシャリスト，流通業者，広告業者，金融や技術その他のサービスに関わる企業である。中核企業と支援的なネクサスとの関係は競争的というよりもむしろ相互に補完的な関係である。このネクサスからは無数のニッチ企業が創出されるが，そこから中核企業へ成長することは稀である。一番手企業は統合化された学習ベースを構築することでその産業を創出したが，学習ベースを確立することで規模と範囲の経済による費用の低減を達成して，組織学習を促進し，確実に収益を得るという利点をもたらすことで強力な参入障壁を形成した。このように2000年以降の著作では中核企業と支援的なネクサスとの相互補完関係に言及することによって企業間関係も含めた事業システムを考慮に入れている。

Ⅲ．チャンドラー学説の今日的評価

1．組織能力・事業システムの変容

チャンドラーは組織能力について規模の経済，範囲の経済による費用の低減を達成するための組織の有する物的，人的能力と捉えていた。チャンドラーは規模の経済，範囲の経済を達成する組織能力を確立することが競争力につながると論じた。橋本（2007）は次のように言及している。「チャンドラーは明示的には論じていないが，20世紀末からは，規模と範囲の経済にとどまらず，あるいは，それ以上に，製品変化の迅速性や柔軟性が競争優位の要因となり，これを達成する組織能力が重要となってきた」（橋本 2007，128頁）。さらに次のように論じている。「20世紀末以来，国際的競争・産業間競争の激化，国内市場の成熟化・飽和化，IT革命といった環境変化の中で，成熟市場においては資本集約的な規格品の大量生産・大量販売方式が有効でなくなった。（中略）こうした環境の中では，大規模性が必ずしも優位性をもたない。

製品やサービスを供給する企業は，効率性に加えて，ますます迅速性と柔軟性をもった能力を必要とする。それは大量生産設備とその効率稼働の能力よりも，効率かつ迅速な研究開発，効率かつ柔軟な多品種変量生産・販売の能力である。事業システムは緊密性を確保しつつ，より柔軟にアウトソーシングや戦略提携を活用する機敏性をもったネットワーク型経営への移行が必要となる」(橋本 2007，180-181頁)。

近年における既存大企業の全般的な動向はM&Aも含めて経営規模の拡大に向かっており，それは研究開発力の強化，経営管理の効率化，生産や流通における単位費用の節減を目的に行われている。[17]一方で，市場の需要の特性が経済の成熟化によって高品質で多様な財やサービスを求めるようになった。制御技術，情報技術の進歩によって多品種変量生産を可能にする生産システム，流通システムが実現した。市場の側面と技術の側面の変容を背景として多品種の製品を市場の需要に合わせて効率的で柔軟で機敏に開発，生産，流通・マーケティングを行える組織能力が不可欠なものとなっている。外部能力の活用の重要性も高まっている。つまり，近年の既存大企業は市場の需要の動向や特性に合わせて柔軟な最適量生産を行うことが求められているものの，規模と範囲の経済を達成する組織能力の重要性は依然として変わらない。しかしながら規模と範囲の経済を達成する組織能力に加えて，企業の優位性を決定する要因は経営戦略やビジネスモデルの内容の差異であるが，チャンドラーはその具体的内容を考慮に入れて経営史を分析することはなかった。[18]

2．ポスト・チャンドラー・モデルへの模索

今日，チャンドラーがその経営史研究で提示した垂直統合型の大規模企業の優位性は揺らぎ，非統合化された形態の事業システムを持つ企業が台頭してきている。そのためチャンドラーの提示している現代企業論は今日の企業の特性とは異なっており，チャンドラー学説は時代遅れではないかというチャンドラー・モデルの歴史的限定性を提起する議論が行われている。安部(2004)はアメリカの経営発展を4つの段階に区分している。[19]第1の時期は19世紀初頭から中葉にかけてであり，単一事業単位組織（S・フォーム）が中核的な管理組織の形態であった。第2の時期は19世紀後半から20世紀の初頭にかけ

てであり，集権的職能別組織（U・フォーム）が中核的な形態となった。第3の時期は両大戦間期から第2次大戦後の1970年代までであり，事業部制組織（M・フォーム）が中核的な形態となった。第4の時期は，1980年代から現在に至る時期である。この時期の特徴は規模の経済が必要な分野と「連結の経済」を活用することの出来る中小規模の企業（small and medium sized enterprise）を中心としたネットワークの両者が併存していることである。アライアンスなどの新たな組織モデルが探索されているが，事業部制にとって代わるような新時代の組織モデルは明確な形では依然として提起されていない。そして以下のように言及している。「チャンドラー・モデルは，あくまでも上述の第2，第3の時期までの説明理論に過ぎず，新しい現象を解明しえていないという意味で，「アウト・オブ・デイト」であると言える。しかし，大企業そのものがもはや時代に合わなくなったのではなく，分野によっては大企業は陳腐化したどころか，ますます規模の経済，統合の経済が必要となっている」（安部 2004, 65頁）。

そして「ポスト・チャンドラー・モデル」をめぐる議論では，チャンドラーがほとんど考察の対象としなかった中間組織の特質に焦点が当てられている[20]。具体的な企業組織のモデルについて塩見（2009）は次のように論じている。1990年代の産業動向には脱垂直統合化が見られるが，その後には必ずしもスミス的市場に回帰したわけではない。多くの場合，その後に経営資源の「継続的な相対取引」で結ばれた企業間関係，すなわちネットワークが登場したが，その実態は同期的に相互に統合し，関係特殊的技能を持つ新しい企業間関係であることが多い。1990年代以降にはこうした「ネットワーク的調整」が重視されるようになった[21]。

IV．チャンドラー学説の今日的意義と限界

1．組織能力の中核的機能としての経営的能力

塩見（2010）は次のように言及している。「チャンドラー・モデルの真髄は，いろいろな経済活動群を単一の組織へ内部化することによってはじめて獲得できる効率があるということである。19世紀末から20世紀全般にわたって，

資本集約型産業の企業活動は、確かに各国での趨勢がこのチャンドラー・モデルの方向へとすすんだ。ところが企業間競争が生み出すこのような内部化志向は、今日多くの産業部門の大企業で見られなくなり、むしろ外部化志向に切り替わっている」(塩見 2010, 93頁)。Chandler (1977) では経営史の展開における市場から組織へという全体的な趨勢を描写していたが、20世紀の終わりになると旧来の垂直統合型の企業はかつての優位性を失いつつあるという状況が現れてきている。そして専門化され、脱統合化された企業が競争力を持つようになってきている。しかしながらチャンドラーはマネジメントの管理的調整機能に重点を置いて経営史を論述してきた。

まずChandler (1977) では次のように言及している。「原材料や半加工材料の供給者から小売商や最終消費者へと至る財の流れの調整にさいし、経営指揮という目に見える手が、市場諸力の見えざる手にとってかわった」(Chandler 1977, p. 286, 翻訳書, 499頁)。またChandler (1990) は次のように論じる。「資本集約産業においては、最小効率規模を維持するために必要な通量は、生産過程を通過する流れのみならず、供給業者からの投入の流れと中間業者や最終ユーザーへの産出量の流れの入念な調整を必要とする」(Chandler 1990, p. 24, 翻訳書, 18頁)。

さらにChandler (2001)、同 (2005) では以上のような財の流れの調整について組織能力の視点から明確に位置づけている。[22]組織能力は技術的能力、職能的能力、経営的能力から構成される。この中で経営的能力は各職能単位の活動(製品開発、生産、マーケティング)が統合されるように管理し、原材料の供給業者から生産過程を経て、小売業者や最終消費者への流通へと至る財の流れの調整に関わる。

以上のように組織能力の中核的な機能が経営的能力であることはチャンドラーの学説において一貫している。そして現代企業が確立してから組織能力の中核的機能としての管理的調整の重要性は今日まで変わらず、この意味でチャンドラーの組織能力論は今日的意義を持つのではないだろうか。[23]

2. イノベーションによる産業の発展のダイナミクス

チャンドラーの学説はイノベーションによる産業の発展のダイナミクスを

十分に考慮に入れていない。新しい科学的知識やビジネスモデルに基づいたイノベーションが起きて新たな産業が形成される時には既存大企業が進出するだけではなく、スタートアップ企業が参入し、当然のことながらそれらが中核企業に成長する機会が生じるのではないか。チャンドラーはスタートアップ企業の役割を重視しないが、その主張とは対照的にChandler (2001) で論述しているコンピュータ、半導体産業については1880年代から1920年代にかけて確立した既存大企業の製品多角化の結果として産業が発展したのではなく数多くのスタートアップ企業やニッチ企業が中核企業に成長していることを示している[24]。またクリステンセンの言う「破壊的イノベーション」[25]が起きた時にこれに上手く対応することが出来るのは既存の大企業ではなく新規参入企業である。既存大企業は持続的イノベーションを行う上では優れた能力を有しているが他方で、破壊的イノベーションを行う上では不利になる。そして新規参入企業が成功し、中核企業に成長する機会が生じる。

以上のようにスタートアップ企業や新規参入企業はイノベーションによって生じた機会を活用することで、時として既存大企業を凌駕することが出来るまでに成長し、産業の発展の上で重要な役割を担ってきた。この点を考察の前面に取り入れない限り、産業の発展のダイナミクスを十分に理解することが出来ないであろう。

V. おわりに

1990年代以降においてはチャンドラーの学説は批判的に受容され、その問題点が浮き彫りになった。「チャンドラー・モデル」について企業内組織化と捉える論者はチャンドラー学説が時代遅れであると論じていた。また「ポスト・チャンドラー・モデル」をめぐる議論も試みられるようになった。本稿ではチャンドラーの組織能力概念に焦点を当てることによって、チャンドラー学説を再評価することが出来るのではないかという視点で議論を展開してきた。チャンドラーは組織能力の強化、発展という視点から現代企業史を捉えているが、規模の経済、範囲の経済を達成する組織能力は依然として重要であり、また組織能力の中核機能としての経営的能力を高度化させることが企

業の優位性に結びついていることからもチャンドラー学説の根本的な重要性は今も変わらない。

しかしながら近年ではますます外部能力の活用の重要性が高まりつつあるが，企業間関係として形成された事業システムにおける中核企業の管理的調整を行う経営的機能は，かつての「チャンドラー型企業」における管理的調整に関わる経営的能力とはその内容や展開形態が異なると考えられる。経営的能力の内容がどのように変容，高度化しているのかという点を解明するために，企業間関係として形成された事業システムにおいて，中核企業の経営的能力がどのように行使されているか，その内容や展開形態について多くの事例が観察され，学問的な知見が蓄積されることで，「チャンドラー・モデル」に代わる新たな企業モデルが模索されていくであろう。

注
1) 翻訳書では近代企業と訳しているが，本稿では現代企業と訳した。
2) 宇田 (2002)，82頁。「チャンドラー・モデル」の適用の仕方に関わる問題については本稿では検討していないが，安部 (2010) は次のように言及している。「チャンドラーモデルは，経営発展の普遍的な理論として，世界の経営システムは経営者資本主義に，それに達するルートや現実の諸相は異なるとはいえ，収斂していくというのが基本テーゼである (281頁)」。
3) Chandler (1962) の研究対象はアメリカの1909年における資産額上位50社，1948年の資産額上位70社の企業である (p.3, 翻訳書，7頁)。
4) Chandler (1977) の研究対象はアメリカの1917年における資産2000万ドル以上の278社の産業企業である (p.346, 翻訳書，603頁)。
5) Chandler (1977), p.1, 翻訳書，5頁。
6) *Ibid.*, p.483, 翻訳書，822頁。
7) Chandler (1990), p.8 翻訳書，6-7頁。
8) Chandler (1990) の研究対象は1917年，1930年，1948年のアメリカの最大産業企業200社 (資産)，1919年，1930年，1948年におけるイギリスの最大産業企業200社 (株式時価総額)，1913年，1929年，1953年におけるドイツの最大産業企業200社 (資産) であり，期間は19世紀末の25年間から1940年代までである (p.10, 翻訳書，8頁)。
9) Chandller (1990), p.17, 翻訳書，13頁。
10) *Ibid.*, p.24, 翻訳書，18頁。
11) *Ibid.*, p.36, 翻訳書，28頁。
12) *Ibid.*, p.230, 翻訳書，192頁。
13) *Ibid.*, pp.34-36, 翻訳書，26-28頁。
14) Chandler (2001) では20世紀半ば以降の民生用電子機器とコンピュータ産業の国際関係経営史を論述し，Chandler (2005) では19世紀終わりから20世紀を通じての化学，製薬産業の国際関係経営史を描写している。
15) Chandler (2001), pp.4-6, Chandler (2005), pp.7-10.
16) Chandler (2001), p.238.

17) 近年，自動車，鉄鋼，製薬のような産業分野ではM&Aや提携という形態で規模の拡大が進んでいる。橋本（2007）では1994年のフォーチュン500社リストに掲載された企業の中で11年後の2005年にフォーチュン500社リストに留まっている企業は270社（54％）に過ぎないという事実から長期存続企業の急減を指摘している（157-165頁）。その背景として次のように論じている。第1に，国際的競争，産業間競争が激しくなる中で，M&Aを行うことで競合企業数を減らして競争を緩和することと，業務の効率化や規模の経済の追求，イノベーションの促進のためであった。第2に，20世紀末以降の株式所有構造の変化，つまり株式の運用による短期的利益を追求する機関投資家の保有比率の増大や会社売買市場の「制度化」がM&Aの活性化をもたらした（173-180頁，183頁）。このようにM&Aの一つの目的は規模の拡大によって競争力を高めることである。しかしM&Aを行ってもそれが組織能力の変化，強化を伴わない限り，競争優位性を獲得することは出来ないと指摘している（180頁）。
18) こうした点に着目した経営史研究としては塩見・橘川編（2008）を参照。
19) 安部（2004），61-65頁。
20) 安部（2009b），澤田（2012b）を参照。
21) 塩見（2009），20-22頁。また塩見（2010）は「ネットワーク的調整」について次のように言及している。「「ネットワーク的調整」の内実の解明は，自動車のリーン生産方式（サプライヤー・システム，アセンブラー・ネットワーク，ディーラー・システム），コンビニのポイント・オーダー・システム，製鉄業の「製販統合」などの研究を総合して，その解明がすすんできているといえよう」（103頁）。
22) Chandler (2001), pp. 2-3, Chandler (2005), pp. 6-7.
23) 澤田（2012a）を参照。
24) 橋本（2007），76-77頁，82-83頁，84-85頁。
25) クリステンセンはイノベーションを持続的イノベーション（sustaining innovation）と破壊的イノベーション（disruptive innovation）に類型化している。持続的イノベーションとは既存の市場の主要顧客が評価してきた従来の性能指標に則して既存製品の性能を向上させる性質を持っている。これに対して破壊的イノベーションとは既存の市場の性能指標では相対的に低い水準を示しているが，主要顧客以外の新しい顧客には評価される特徴を持っている。具体的には低価格，簡素さや使い勝手の良さなどである。こうした破壊的な製品は当初は相対的に性能が低いが，時間の経過とともに技術が進歩し改良が進むとより高い性能を求める顧客の要求を満たすようになる。こうなると破壊的イノベーションは既存の技術に取って代わる。クリステンセンのイノベーション論についてはChristensen (1997)を参照。

参考文献

Chandler, A. D., Jr. (1962), *Strategy and Structure: Chapter in the History of the American Industrial Enterprise,* The M. I. T. Press.（有賀裕子訳『組織は戦略に従う』ダイヤモンド社，2004年。）

Chandler, A. D., Jr. (1977), *The Visible Hand: The Managerial Revolution in American Business,* Harvard University Press.（鳥羽欽一郎・小林袈裟治訳『経営者の時代―アメリカ産業における近代企業成立―』東洋経済新報社，1979年。）

Chandler, A. D., Jr. (1990), *Scale and Scope: The Dynamics of Industrial Capitalism,* Harvard University Press.（安部悦生・川辺信雄・工藤 章・西牟田祐二・日高千影・山口一臣訳『スケール アンド スコープ―経営力の国際比較―』有斐閣，1993年。）

Chandler, A. D., Jr. (2001), *Inventing The Electronic Century: The Epic Story of the Consumer Electronics and Computer Industries,* The Free Press.

Chandler, A. D., Jr. (2005), *Shaping the Industrial Century: The Remarkable Story of the Evolution of the Modern Chemical and Pharmaceutical Industries,* Harvard University Press.

Christensen, C. M. (1997), *The Innovator's Dilemma: When New Technology Cause Great Firms to Fail,* Harvard Business School Press. (伊豆原弓訳『イノベーションのジレンマ―技術革新が巨大企業を滅ぼすとき―』翔泳社,2000年。)

安部悦生 (2004),「経営史におけるチャンドラー理論の意義と問題点―チャンドラー・モデルはアウト・オブ・デイトか?―」明治大学『経営論集』51巻3号,57-69頁。

安部悦生 (2009a),「国際競争とチャンドラー・モデル―チャンドラーは国際競争をどのように見ていたか―」湯沢 威・鈴木恒夫・橘川武朗・佐々木聡編『国際競争力の経営史』有斐閣,15-33頁。

安部悦生 (2009b),「チャンドラー・モデルの行く末」『経営史学』第44巻第3号,44-59頁。

安部悦生 (2010),「チャンドラーモデルと日本型企業システム」橘川武朗・久保文克編『講座・日本経営史 第6巻 グローバル化と日本型企業システムの変容―1985~2008―』ミネルヴァ書房,279-292頁。

宇田 理 (2002),「ポスト・チャンドラー時代の経営史にかんする一考察―日本におけるチャンドラー・モデル批判をめぐって―」日本大学『商学集志』Vol.72, No. 2,81-106頁。

澤田浩二 (2012a),「「チャンドラー型企業」の変容と調整メカニズム」『立命館ビジネスジャーナル』Vol. 6,17-36頁。

澤田浩二 (2012b),「現代企業の事業システムと企業間関係―「チャンドラー・モデル」をめぐって―」立命館大学『社会システム研究』No.24,131-149頁。

塩見治人 (2009),「チャンドラーモデルと調整様式」『名古屋外国語大学現代国際学部 紀要』第5号,1-30頁。

塩見治人・橘川武朗編 (2008),『日米企業のグローバル競争戦略―ニューエコノミーと「失われた十年」の再検証―』名古屋大学出版会。

塩見治人 (2010),「ポスト・チャンドラー・モデルへの動向」『名古屋外国語大学 紀要』第6号,93-111頁。

橋本輝彦 (2007),『チャンドラー経営史の軌跡―組織能力ベースの現代企業史―』ミネルヴァ書房。

9 v. ヴェルダーの管理組織論
―― 組織理論的な観点と法的な観点からの考察 ――

岡 本 丈 彦

I．序

　1990年代以降のグローバリゼーションや，2000年代初頭のIT革命に代表される情報化社会の到来により，企業管理（Unternehmungsführung）が複雑化，そして，非構造化する傾向にある。ここでの企業管理とは，企業活動の基礎的な方向性を決定し，一定方向への企業活動の展開に対して影響を与えることである。企業管理の複雑化・非構造化の傾向に起因し，企業管理を担う組織，即ち，企業の管理組織（Führungsorganisation）の重要性は，否応なく高まっている。

　本稿においては，ベルリン工科大学（Technische Universität Berlin）教授であるフォン・ヴェルダー（von Werder, Axel [1]）の最近の研究 [2] に依拠し，企業の管理組織について考察を行い，その特徴と学史的意義の解明を試みる。彼は民間グループであるベルリン・グループ（Berliner Initiativkreis German Code of Corporate Governance）の代表（Sprecher）を務めているとともに，ドイツ・コーポレート・ガバナンス・コーデックス（Deutscher Corporate Governance Kodex, DCGK）を制定した政府委員会のメンバーでもある。そして，企業の管理組織を考察する際に，組織理論的な観点に加えて，法的な観点からも考察が行われているのが，ヴェルダー理論の特筆すべき点である（岡本 2011，53頁以下）。

II. v. ヴェルダーの概念規定

1. 行為システムとしての企業

　まず，ヴェルダー理論を解明する前提となる企業概念を明らかにする。v. ヴェルダーによれば，企業（Unternehmung）とは，「経済的に独立し，統一的に管理された行為システム（einheitliche geleitete Handlungssysteme）」を意味している。そして，企業は，4つの市場（資本市場・販売市場・労働市場・調達市場）に組み入れられ，3つの枠組み条件（法的な枠組み条件，社会的な枠組み条件，及び，全体経済的な枠組み条件）の下で，希少な資源の結合による価値創造を行う（v. Werder 2008, S. 18）。この「経済的な独立」は，コジオール学派にみられる代表的な企業のメルクマールである[3]。さらに，ヴェルダー理論では，経済的な単位としての企業（Unternehmung）と，法的な単位としての企業（Unternehmen, 所謂，会社：Gesellschaft）を区分して考察していることも特筆すべき点である（岡本 2011, 57頁）。

2. 分業と調整の関係とヒエラルヒーの形態としての企業

　次に，企業における基本的な事象である分業（Arbeitsteilung）と調整（Koordination）の関係を明らかにし，それがどのようなメカニズムで行われているのかを解明する。現代企業が取り扱う事象の多くは，複雑であり，かつ動態的であるが，一方で業務担い手の能力には限界があるため，一般的には，必ず個人間の分業が図られている（v. Werder 2008, S. 19f.）。しかしながら，分業においては，個々人が必然的にある程度，お互いに依存せずに行動するため，自律性コストが発生する場合がある。このコストの例としては，価値創造プロセスにおける二重労働に基づく非効率性などが挙げられる。これを放置することはできないため，重複部分を同調させることで効率的に作業を行わせるため，部分領域を相互に調整する必要があるが，調整手段に時間と資源を投入することで，追加的に調整コストが発生する。そのため，分業・調整を行う際には，発生するコストの慎重な比較検討が必要である（v. Werder 2008, S. 20, 岡本 2011, 56頁）。

ところで，個人間の分業は，工場の現場においてこそ，真価を発揮すると考えられているが，v. ヴェルダーと彼の師である E. フレーゼ（Frese, Erich）は，トップマネジメントの機関内部，あるいは，下位レベルに存在する構成員に権限を委譲する際にも，分業と調整が重要な要素になると主張している。したがって，後述のトップマネジメントの組織の考察においても重要になる。

次に，分業と調整が企業においては，どのように行われているのかについて検討する。v. ヴェルダーにおいては，フレーゼに依拠して，この点を明らかにしている。フレーゼによれば，企業を組織的な観点から見た場合には，端的に分業の調整システム（arbeitsteilige Koordinationssysteme）と捉えることができる。そして，そのような企業では，目標志向的な方向付け（zielorientierte Ausrichtung）と，個別行為（Einzelhandlungen）の調整が，ヒエラルヒーの形態によって行われている（v. Werder 2008, S. 20, Frese 2000, S. 54 ff, 翻訳書，39頁以下）。そのため，企業全体の価値創造は，統一的管理（einheitliche Leitung）の下にあり，この統一的管理は，最上位の調整レベルであるヒエラルヒー・トップ（Hierarchiespitze），即ち，企業のトップマネジメント（Unternehmungsleitung）によって担われる（v. Werder 2008, S. 20 f.）。以上のような考え方が，以下で考察を行う組織理論的な観点のメルクマールとなる。

3．v. ヴェルダーにおけるトップマネジメント

ここで，トップマネジメントに関する概念の定義を行う。本稿で使用するトップマネジメントに関連した用語は，① 企業のトップマネジメント（Unternehmungsleitung），② トップマネジメントの機関（Leitungsorgan），そして，③ トップマネジメントの組織（Leitungsorganisation）である。

次頁の図に基づき検討を進めていく。まず，① 企業のトップマネジメントであるが，これは，企業のヒエラルヒー最上位の組織単位，即ち，ヒエラルヒー・トップ（Hierarchiespitze）のみを意味している。これを株式会社で例えれば，取締役全てが参加する取締役会全体（Gesamtvorstand）を指す。次に，② トップマネジメントの機関とは，企業のヒエラルヒー上層部に位置しており，法的な単位のことであり，株式会社で例えれば，取締役会を意味し

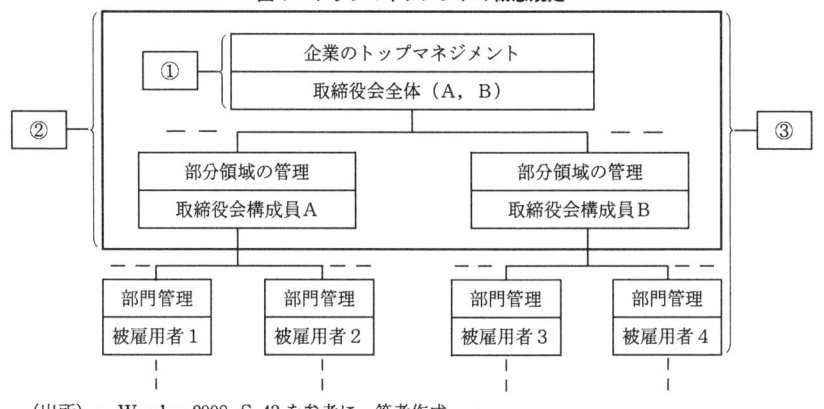

図1 トップマネジメントの概念規定

```
①  企業のトップマネジメント
    取締役会全体（A，B）
②                                           ③
    部分領域の管理              部分領域の管理
    取締役会構成員A            取締役会構成員B

    部門管理    部門管理    部門管理    部門管理
    被雇用者1  被雇用者2  被雇用者3  被雇用者4
```

（出所）v. Werder 2008, S. 43 を参考に，筆者作成。

ている。これは，上記の図にも描かれているように，①よりも広い概念である。なぜならば，トップマネジメントの機関においては，個々の構成員が，独立して担う職分，即ち，部分領域の管理が含まれるため，②のほうが①よりも広い概念である[4]。最後に，③トップマネジメントの組織であるが，これに関しては，第4節において詳細に検討を行うが，②トップマネジメントの機関と，その直ぐ下のヒエラルヒー・レベルに存在する構成員（被雇用者：Arbeitnehmer）からなる組織を指している。ここにおいては，法的機関の構成員と，法的機関外部の構成員が包括されて考察されることに重要な意義がある。

Ⅲ．企業管理とその担い手

1．企業管理の概念

続いて，v. ヴェルダーの企業管理の概念と，その担い手について検討する。v. ヴェルダーによれば，企業の管理組織は，企業組織の全ての問題における中核的な部分を意味しており，企業管理には2つの側面が存在する（v. Werder 2008, S.17）[5]。企業管理の1つの側面としては，企業の枠組みを決定する行為（Rahmenhandlungen）そのもの，あるいは，その担い手（Träger）である。もう1つの側面としては，枠組みを決定する行為の実行（Vornahme）を意

味する。これらの行為により，企業活動の基礎的な方向性が決定され，一定方向への企業活動の展開が規定される。そして，それに続く行為（Folgehandlungen）は，下位のヒエラルヒー・レベルへ伝達され，詳細に明確化され実行に移される（v. Werder 2008, S. 17）。

上述のように企業管理を理解すれば，企業の管理組織の対象は，次のように表わすことができる。まず，企業の管理組織の中心には，トップマネジメントの機関が存在する。そして，このトップマネジメントの機関は，企業管理の枠組みを決定する行為の大部分を担う存在であり，第一に，企業体制の法的機関システムに組み入れられる法的機関である。そして，同時に，組織上の企業のヒエラルヒー上層部として機能する（v. Werder 2008, S. 18）。

2．トップマネジメントの機関と他の法的機関

次に，トップマネジメントの機関とトップマネジメントの機関以外の法的機関（以下，他の法的機関）の関係を明らかにする。トップマネジメントの機関は，ヒエラルヒーの上層部に位置づけられるため，一般的に絶大な権力を持っているように理解される傾向にある。しかしながら，現実においては，株主総会や監査役会といった他の法的機関にも権限が分権化されている[6]。ただし，権限は平等ではなく，トップマネジメントの機関に重点がある（v. Werder 2008, S. 24 f.）。

以上のような見解を背景として，ヴェルダー理論においては，トップマネジメントの機関と他の法的機関は，次のように定義されている。まず，トップマネジメントの機関は，ヒエラルヒー上層部に位置するのに対し，他の法的機関は，ヒエラルヒー外部に存在する単位である。そのため，他の法的機関が，トップマネジメントの機関の自由裁量余地を制約する存在と把握されている。また，トップマネジメントの機関構成員は，下位のヒエラルヒー・レベルの組織単位に命令する一方で，他の法的機関により，自律的管理が制約されるため，トップマネジメントの機関はヒエラルヒーの組織理論上の構造と，会社法上の機関システムの連結部とみなされる（v. Werder 2008, S. 24 ff.）。

以上のようなv. ヴェルダーの見解においては，監査役会を含む他の法的機

関は，トップマネジメントの機関の自由裁量余地を制限する機関であると把握されている。このような考え方は，v. ヴェルダー自身がDCGKを策定した政府委員会のメンバーであり，それを推進する立場を踏まえてのものであると言え，このような見解は，彼の理論を解明するうえで非常に重要なメルクマールである。

Ⅳ．v. ヴェルダーの企業の管理組織

1．企業の管理組織の形成領域

以上の議論を踏まえて，次に，v. ヴェルダーが提唱する企業の管理組織に関して検討を行う。企業の管理組織を構成するのは，法的な上位組織（Spitzenorganisation）とトップマネジメントの組織（Leitungsorganisation）である。これら2つの本質的な形成領域を区分する際には，組織理論的な観点に加えて，法的な観点が用いられる（v. Werder 2008, S. 21 ff.）。即ち，企業の管理組織とは，法的な観点から見れば法的な上位組織がそれに該当し，組織理論的観点からみれば，トップマネジメントの組織を意味する。まず，組織理論的な観点にしたがえば，企業管理の権限は，企業の最上位の組織単位としての企業のトップマネジメントにのみ存在することになる。しかしながら，法的な観点から見れば，企業管理の権限は，法的機関であるトップマネジメントの機関と，株主総会や監査役会といった他の法的機関に分散して配置されている。

2．法的な上位組織

まず，法的な観点からの法的な上位組織について解明を行う。v. ヴェルダーによれば，法的な上位組織は，法的機関であるトップマネジメントの機関と，ヒエラルヒー外部に存在する他の法的機関から構成される。これまでの考察により，法的な上位組織の形成領域は，組織理論的な組織問題だけでは無く，企業体制における法的機関システムをも包括していることが明らかになった（v. Werder 2008, S. 41）。ここでは，法的な上位組織の基本的な役割を明らかにするとともに，そこで議論される問題を明らかにする。

この法的な上位組織においては，行為の担い手がその権利と義務に基づいて，企業管理に対して影響力を行使できる（v. Werder 2008, S.50）。したがって，企業の目標設定の定式化（Formulierung）と実現（Realisierung）に，どのような企業内外の特定の個人と集団が参加するかがあきらかとなる。即ち，法的な上位組織の分析により，トップマネジメントの機関の自由裁量余地を制約する機関（例えば，株主総会や監査役会）と，そこに参加する企業内外の利害集団の特定が可能となる。この分析は，現代企業にとって焦眉の問題であるコーポレート・ガバナンスにおいても重要な意義を持つ（岡本 2011, 63頁）[7]。

次に，法的な上位組織の形成領域における中心的問題を検討する。まず，v. ヴェルダーは法的な上位組織の形成領域においては，① 法的な上位組織の機関の中で，どの機関が各法形態において特有の機関として定められているか，② 各機関はどの様な権限を行使できるのか，③ したがって，どの機関にトップマネジメントの機関としての機能が割り当てられるのか，④ どのようにして，トップマネジメントの機関と，他の法的機関の間に権限が配置されるのか，⑤（これらの）形成形態の違いによって，どのような結果が生じるのか，ということが中心的な問題となると述べている（v. Werder 2008, S. 41）。また，法的な上位組織の機関においては，人的配置も問題となり，とりわけ，①機関構成員の数及び，②機関構成員の複数機関にまたがる兼任に焦点が当てられる。まず，機関構成員の数は，その機関の行為の質と発生するコストにまで影響を与えるとともに，個人的に誰がそのポストを占めるかという問題にまで関係する。また，異なった機関における構成員の兼任についてであるが，1つの機関構成員であることが他の機関構成員になるための前提条件になることもあれば，取締役と監査役の兼任禁止規定のように，阻害要因となる場合もある（v. Werder 2008, S. 52, 岡本 2011, 64頁）。

3．トップマネジメントの組織

続いて，組織理論的な観点から考察が行われるトップマネジメントの組織（Leitungsorganisation）について解明を進めていく。この考察における基本的な前提条件は，巨大企業におけるトップマネジメントの機関が，複数の人

物によって構成されるということである (v. Werder 2008, S. 42)。この理由は，先に分業の必要性で述べた理由と同様である[8]。以下においては，トップマネジメントの組織の形成領域を解明し，その形成領域の意義を検討する。

トップマネジメントの組織の形成領域は，2つの組織，即ち，①トップマネジメントの機関の内部の組織と，②トップマネジメントの機関の外部の組織により構成される。つまり，この形成領域は，トップマネジメントの機関構成員だけでなく，直ぐ下のヒエラルヒーの行為の担い手までを包括している。

まず，トップマネジメントの機関内部の組織を明らかにする。先の図1に描かれているように，企業の最上位の組織単位としての企業のトップマネジメントは，ヒエラルヒー・トップのみを意味するにすぎないが，トップマネジメントの機関構成員の権限領域は，部分領域の管理の権限（例えば，財務やロジスティックス）をも包括するため，企業のトップマネジメントの権限領域とは完全には一致しない。つまり，トップマネジメントの機関構成員は，必然的にヒエラルヒー・トップにおける機能行使だけに止まらないため，トップマネジメントの機関構成員が，独立して部分領域の管理の権限を行使する場合には，企業のトップマネジメントと，部分領域の管理を含むトップマネジメントの機関の範囲は異なる (v. Werder 2008, S. 42 ff.)。

次に，トップマネジメントの機関外部の組織であるが，トップマネジメントの組織の考察に際しては，トップマネジメントの機関にのみ焦点が当たるわけではない。なぜならば，一般に議論されている「企業のトップマネジメントの組織（Organisation der Unternehmungsleitung）」の領域は，トップマネジメントの機関内部の組織だけではなく，トップマネジメントの機関外部の組織をも包括しているためである。そのため，この概念においては，トップマネジメントの機関の形成問題の議論と同時に，その直ぐ下のヒエラルヒー・レベルに存在する構成員，所謂，上級管理者（gehobenes Middle-Management）[9]にまで，その認識対象が拡張される (v. Werder 2008, S. 43 f.)。

法的に見た場合には，上級管理者は，トップマネジメントの機関構成員とは異なり，企業と雇用契約を結ぶ被雇用者（Arbeitnehmer, 従業員）に過ぎ

ない。しかしながら，トップマネジメントの機関から権限委譲（Delegation）[10]が行われる企業においては，部分領域の管理という重要な職分の担い手であり，彼らの果たす役割は非常に大きい（v. Werder 2008, S. 44 ff, Becker 2007, S. 37 ff.）。v. ヴェルダーは，このような下位への権限委譲が行われる例として，ジーメンス（Siemens AG）のトップマネジメントの組織を挙げている（v. Werder 2008, S. 176 ff.）。

4．ヴェルダー理論考察の学史的意義

最後に，v. ヴェルダーの企業の管理組織の学史的意義について言及する。既述のように，v. ヴェルダーの企業の管理組織は，組織理論的な観点に加えて，法的な観点からも考察が行われている。法的な観点からの考察により，企業管理に影響を行使できる企業内外の利害関係者を特定するとともに，トップマネジメントの機関と，その自由裁量余地を制約する他の法的な機関を包括して考察する枠組みが明らかになり，ヒエラルヒー内外に存在する法的機関の間における権限配置の考察が可能となる。しかしながら，企業のヒエラルヒーの問題を解明することができないという問題が残る。

この問題を解決するために，組織理論的な観点から考察を行うことで，企業のヒエラルヒーに焦点が当たり，上級管理者のレベルをトップマネジメントの機関構成員と結びつけて考察を行うことができ，垂直の権限配置をも考察することが可能となる。2つの観点からの考察によって，より明確な企業管理の担い手と，その権限がどのように配置されているのかが解明されうる。

従来の組織論においては，企業組織を考察する際に，企業のヒエラルヒーのみに焦点が当てられており，外部の法的機関（株主総会や監査役会）の権限について認識が不十分であった。また，企業体制的な議論においては，法的機関の権限配置にのみ焦点が当てられており，企業のヒエラルヒー内部の権限配置の問題を考察できなかった。両者の問題点を克服できる点に，ヴェルダー理論の学史的な意義が認められるであろう。

V. 結

　本稿の考察において明らかにしたように，ヴェルダー理論においては，企業の管理組織を組織理論的な観点に加えて，法的な観点からも考察が行われている。法的な観点から考察する場合には，企業の管理組織は，企業管理の中心的な担い手であるトップマネジメントの機関と，他の法的機関から構成される法的な上位組織が該当する。また，組織理論的な観点から考察を行う場合には，トップマネジメントの機関と直ぐ下のヒエラルヒーのレベルを包括する組織から構成されるトップマネジメントの組織が，それに該当する。2つの観点からの考察により，明確な企業管理の担い手と，その権限がどのようにして配置されているのかを解明するフレームワークが提供される。

　ここで，今後の課題についても触れておこう。ヴェルダー理論の更なる解明のために，v. ヴェルダーの企業概念や管理概念が，長い歴史を持つ経営経済学の中で，どのように位置づけられるのかを解明する必要がある。また，v. ヴェルダーが用いる組織理論的な観点，即ち，v. ヴェルダーの組織論は，ノルトジークを受け継ぐコジオール以降の組織論の流れの中で，どのように位置づけられるのかついても検討が必要である。

　また，法的な観点からも考察が行われる企業の管理組織の把握は，他の研究者が主張する企業の管理組織の考察対象とは，どのような理論的差異があるのかについても研究を行う必要がある。例えば，v. ヴェルダーよりも狭い範囲（法的機関のみ）を企業の管理組織と見なす研究もあれば，より広範な範囲，つまり，ミドルマネジメントまでを包括して企業の管理組織と認識する研究も存在する。この2つの異なった研究と比較した場合，ヴェルダー理論の優位性がどのように示せるのかを解明することも，今後の課題としたい。

注

1) アクセル・フォン・ヴェルダーは，ケルン大学（Universität zu Köln）において，経営経済学を専攻し，1981年には，学士号（Diplom）を取得した。その後，フレーゼ（Frese, E.）の助手となり，そして，アーヘン工科大学（Rheinisch-Westfälische Technische Hochschule Aachen）に勤務し，1986年に博士号を取得した。彼は，1993年にケルンで大学教授資格を得て，ベルリン工科大学で「組織と企業管理（Organisation und Unternehmungsführung）」の講座

を受け持っている。また，本稿においては，彼の名前を「v. ヴェルダー」と表記し，彼の理論について述べる際には，「ヴェルダー理論」とする。
2) 本稿においては，v. Werder, A. (2008), *Führungsorganisation: Grungdlagen der Corporate Governance, Spitzen- und Leitungsorganisation*, 2. Aufl., Wiesbaden. に依拠し考察を進めている。
3) E. コジオール (Kosiol, Erich) は，第二次世界大戦以前から，原価計算，費用論，組織論などの研究を行ってきた研究者であり，F. ノルトジーク (Nordsieck, Fritz) と並び称されるドイツの経営組織論を代表する研究者である。また，ノルトジークらによって基礎が作られた経営組織論の発展に尽力した第一人者であり，1962年には『企業と組織 (*Organisation der Unternehmung*)』を著し，従来の経営組織論を引き継ぎ，自らの研究成果を加えて提示した（田島 1997，68頁）。そして，コジオールは，H. ニックリッシュ (Nicklisch, Heinrich) にならい本源的な経営である家計と，派生的な経営である企業を区別し，派生的な経営としての企業のメルクマールとして，① 他人の需要の充足，② 経済的な独立性，そして，③ 市場における積極的なリスク負担を挙げている（Kosiol 1966, S. 28 ff，海道 1988，27頁）。
4) 各取締役が，独立して職分を遂行するかどうかは，トップマネジメントの機関内部においてどのような分業が行われているのかによって決定される。この方法については，v. Werder (2008), S. 176 ff, 岡本 (2011), 68頁以下を参照のこと。
5) v. ヴェルダーにおける企業管理の基本的な理解には，E. グーテンベルク (Gutenberg, Erich) の企業管理論に依拠していると考えられる。グーテンベルクの企業管理論については，Gutenberg (1962) を参照のこと。
6) 例えば，ドイツの株式会社においては，株式法及び，共同決定に関する様々な法律によって，株主総会，取締役会，そして，監査役会に権限の分権化が図られている。
7) v. ヴェルダーは，コーポレート・ガバナンスを，「企業の管理と監督についての法的で，実践的な秩序の枠組み」と定義している (v. Werder 2008, S. 1)。v. ヴェルダーは，コーポレート・ガバナンスの問題と企業の管理組織を結び付けており，現行のコーポレート・ガバナンスについての規制は，企業の管理組織の枠組み条件を形成していると主張し，トップマネジメントの組織 (Leitungsorganisation) に対する規制も必要であると述べている (v. Werder 2008, S. 1 ff.)。トップマネジメントの組織に関しては，第4節を参照のこと。
8) また，ドイツにおいては，法的に見た場合，共同決定法において労務担当取締役の設置が義務化されているときには，複数人数の構成となる（岡本 2011，67頁以下）。
9) この上級管理者という表現に関しては，Becker (2007) を参照のこと。
10) トップマネジメントの組織における権限委譲については，v. Werder (2008), S. 262 ff. を参照のこと。

参考文献

Becker, F. G. (2007), *Organisation der Unternehmungsleitung : Stellgrössen der Leitungsorganisation*, Stuttgart.

Frese, E. (2000), *Grundlagen der Organisation : Konzept-Prinzipien-Strukturen*, 8. Aufl., Wiesbaden.（清水敏允監訳，井藤正信・宮田将吾・山縣正幸・柴田明訳『組織デザインの原理～構想・原則・構造～』文眞堂，2010年。）

Gutenberg, E. (1962), *Unternehmensführung : Organisation und Entscheidungen*, Wiesbaden.（小川 洌・二神恭一訳『企業の組織と意思決定』第1版，ダイヤモンド社，1963年。）

Kosiol E. (1962), *Organisation der Unternehmung*, Wiesbaden.

Kosiol E. (1966), *Einführung in die Betriebswirtschaftslehre : Die Unternehmung als*

wirtschaftliches Aktionszentrum, Wiesbaden.
v. Werder, A. (2008), *Führungsorganisation : Grungdlagen der Corporate Governance, Spitzen- und Leitungsorganisation,* 2. Aufl., Wiesbaden.
岡本丈彦 (2011),「v. ヴェルダーの企業の管理組織についての一考察」『商学研究』関西学院大学大学院商学研究会, 53–76頁。
海道ノブチカ (1988),『西ドイツ経営学の展開』千倉書房。
海道ノブチカ (2011),「ドイツのコーポレート・ガバナンス・コーデックス (DCGK) ―ゲルムとヴェルダーの実証分析を中心として―」『商学論究』(関西学院大学) 第59巻, 1–17頁。
田島壯幸 (1997),『経営組織論論考』税務経理協会。

10　組織社会化研究の新展開
──組織における自己の記述形式を巡って──

福　本　俊　樹

Ⅰ．はじめに

　組織と個人の対立とその超克は，現代企業においてもなおリアリティを持って語られている。組織と個人の双方の要求が対立した場合どちらを優先すべきか，マネジメントはどの程度まで個人の自由意思を許容すべきか，といった問題は枚挙に暇がなく，多くの人事制度設計者の頭を悩ませている。

　経営学においても，組織と個人の関係について記述する場合，その多くは，個人を組織の一機能として記述するか，個人の集合を組織と見なし組織の活動は最終的には個々の自由意思に基づくものとして記述するかのいずれかの形式に帰着してきた（磯村 1991）。個人の組織への適応をテーマとする組織社会化研究も，これら二つの記述がぶつかり合うところに，組織と個人の対立や葛藤を，いわばお約束事のように繰り返し描いてきた。

　だが，人事制度設計者にとって最も望まれるのは，このような対立そのものが解消されること，すなわち「組織か個人か」の選択ではなく，「組織も個人も」という両者の要求を同時に達成するマネジメントではないだろうか。もちろん，これは達成困難な課題であり，組織社会化研究においては理論上のアポリアですらある。それゆえ，自ずと組織と個人の対立を描き出すような記述がなされるのも仕方がない。しかも，このような組織と個人の対立にまつわる記述は，時にドラマチックで魅力的ですらある。しかし，だからといって困難な課題を困難な課題としてそのまま記述してしまうことは，経営学が実務家の抱える課題に対して解決策を提示し得ないことを意味し，問題の解消を無限に先延ばしにしてしまうことにもなりかねない。

現在の記述形式がおよそ解決される見込みのない問題しか浮き彫りにできないのであれば，記述のあり方を変えることで，実際に解決可能な問題を探っていく必要があるだろう。本稿は，組織で協働する人々の自己のあり方について，組織と個人の対立という従来の記述に陥らない，新たな記述の可能性を探求する。この記述を通じて，組織と個人にまつわる諸問題の所在を改めて確認していくことを目的とする。

II．組織社会化研究の記述形式

組織社会化研究は，組織の成員性の獲得という現象を対象とする領域であり，そこでは組織との関係における自己のあり方が描かれる。本節では「蓄積モデル」「関係モデル」という組織社会化概念の二つのモデルを検討し，それぞれが自己をどのように記述する形式を持つのかを確認する。[1]

1．線形的な自己変容としての組織社会化-「蓄積モデル」

組織社会化は一般に，「個人が組織の成員として活動に参加するために必要な態度・行動・知識の習得過程（Bauer et al. 1998）」と定義される。これらの必要要件を習得した者は，晴れて組織の成員として組織の活動に機能的に参加できるというわけである。

この成員性獲得の過程は一般に，「内面化」の論理で説明される。すなわち，組織に参入した個人は，態度・行動・知識等を自らの「内面」に取り込んでいくことで，組織の成員となるとされる。ここで社会化現象は，あたかも容器にモノが詰め込まれていくかのように，「内面」に必要要件が蓄積されていく過程と考えられる。個的存在としての自己は，このような蓄積を重ねるにつれて，徐々に組織的存在へと変容していくとされる。

本稿ではこの論理を，「蓄積モデル」と呼んでおこう。組織成員になるべく必要な態度等を「内面」に取り込み蓄積していく，というこのアナロジーには，「個人（内部）／組織（外部）」という二分法が見出せる。蓄積モデルとしての社会化とはいわば，外部にある「組織」が，「個人」の内部に流入していくことで自己が組織的存在へと線形的に変容していく事態なのである。この

ように蓄積モデルは，組織と個人を別個の存在と仮定した上で，個人の組織への参入を契機として両者が関係していく様を記述するという形式を持つ。

この際，「組織」が流入する以前の内部（内面）には，「個人的」とされるところの性質，例えば，個性や主体性や創造性などが備わっているとされる。それゆえに蓄積モデルは，社会化現象を記述する際，個人と組織の対立や葛藤に行き着きやすい。事実，組織社会化研究において，組織への過剰な従属・同調を引き起こす過剰社会化が「個人の喪失」として問題とされた。このような過剰社会化に対抗し，自ら組織変革を主導していくような「主体的個人」が理論前提として取り込まれた（e. g. Saks and Ashforth 1997）。結果，個人の内面は，組織に従属的な社会化された部分と，人間本来の自由で主体的な姿である社会化されない部分に分けられ，両者のバランスを維持することが組織社会化研究の焦点となる（Klausner and Groves 2002）。今日では，組織が個人を従属させる社会化作用と，個人が組織に及ぼす変革作用の相互作用分析が組織社会化研究のアジェンダとされる（Kramer and Miller 1999）。

以上が組織社会化研究のおおよその学説史であるが，習得すべきとされる要件に違いこそ見られるものの，組織社会化研究のほとんどすべての研究は，この蓄積モデルに基づいていることがわかるだろう。そこでは組織と個人の対立はもはや自明の前提かのように扱われている。それゆえ，冒頭でも述べた通り，組織社会化研究は「組織か個人か」の問題を再生産し続ける。

だが，組織社会化現象を蓄積モデルとは異なるモデルで捉えた研究が存在しないわけではない。学説展開の中で見落とされてきたことであるが，組織社会化研究の嚆矢となり現在においても頻繁に引用される Van Maanen and Schein（1979）こそが，いち早く内面化概念を退け，蓄積モデルからの離脱を試みたものであった。次にこの点を確認していこう。

2．多様な自己表出としての組織社会化－「関係モデル」

Van Maanen and Schien（1979）は一般に，組織がどのようなマネジメント施策でもって従業員を管理するかによって，従業員の行動が決定される刺激－反応モデルと位置づけられる。それゆえに組織決定論とされ，上述の組織と個人の対立を生みだすきっかけになったともされる。だが，Van Maanen

らの議論のこのような読み解きは，彼らの議論の核心を取りこぼすものに他ならない。彼らが内面化概念を退け，社会化概念を再考した背景には，組織と個人の対立を前提とする当時の社会化概念に対する強い懐疑の念があった。

彼らは，実際の組織において，同じ価値や規範を内面化しているところの人々から，互いにまったく矛盾するような行動が導かれる場合があることに注目した (p. 216)。組織における人々の行動は差異と矛盾に溢れている。こういった差異や矛盾は従来，社会化されない個人の内的な主体性に由来するものとされた。だが，個人の主体性に由来するとしたところで，一種の神秘化が施されるだけであり，差異や矛盾を経営学的に説明することはできない。そこで彼らは，それら差異や矛盾する行動を理解するには，内面に注目するよりも，人々の相互行為それ自体の位相での分析が必要であると考えた。

Van Maanen らは，組織社会化概念を相互行為レベルの概念に変換すべく，同概念を，個別具体的状況において表出される振舞いが，当該状況において適切に作動している状態と考えた。つまり，組織の成員性の獲得とは，蓄積モデルが想定するような個人内における蓄積の問題ではなく，組織の中での相互行為の位相において，その振舞いが組織成員として正当であるかどうかという，ラベリングの問題となるのである (Van Maanen 1976, pp. 75-76)。

このような社会化概念を「関係モデル」と呼ぼう。関係モデルにおいて自己は，当の自己を包摂する状況と独立に存在するものではない。いかなる自己も，常に状況に埋め込まれた中で，当該の状況における様々な社会的資源（他者・制度・人工物など）との関係において，何者かとして産出される (Van Maanen, 1976, p. 68)。例えば，ある自己は，患者・医療制度・診察室・医療器具等の関係の中に埋め込まれることではじめて「医師」となる。この意味ですべての自己は社会的な産物であり，社会から隔離し，社会と対立するような「個人」という領域など存在しない (Van Maanen 1978, p. 36)。

したがって関係モデルは，組織の中においてその都度，表出・生成する自己を，それらの自己を可能にする関係の布置とともに記述していくことを目指す。関係モデルは，組織と個人という二分法を退け，組織と混然一体となった中での多様な自己表出を記述する形式を持つ。例を挙げると，蓄積モデルにおいては自己の内部の属人的性質である主体性の発現として記述される組

織変革行動も，関係モデルにおいては，あくまでも他者・社会制度・人工物との社会的関係の中で達成されるものとして脱属人的な記述がなされる[2]。

組織において，このような自己の表出を可能にする社会的布置はマネジメントによって決定されるところが大きい。職場にどのような上司・同僚がいるか，どのような人事制度が採用されているか，どのような人工物が存在するか，これらの配置はすべてマネジメントの問題である。そして組織において人々は様々な行動を取り，時には矛盾するような行動すら見られるが，それらは全てマネジメントによって決定される布置を参照しつつ，産出され，正当化されている。そうであるならば，マネジメント施策が決定する社会的布置を準拠点とした行為の関係的記述を行うことで，組織において生じる様々な問題をマネジメントのあり方に関連付けて取り扱うことが可能になる。こうして，組織と個人の対立と言う，ある種神秘化された難題は，すべてマネジメント上の問題として捉え返される。このような記述を通じて，マネジメントの改善を図っていくことこそが，組織社会化研究の当初のアジェンダなのであった（Van Maanen 1978, pp. 35-36）。

以上，本節では，組織社会化研究には蓄積モデルと関係モデルの二つの社会化概念があり，それぞれ自己の異なる記述形式を持つことを確認してきた。やや抽象的な議論に終始したが，次節では，関係モデルに基づいた記述の例示を通じて，今後の組織社会化研究の射程を展望する。

III．組織社会化研究の新展開

本節では，関係モデルに依拠する形での組織社会化研究の新たな展開を試みる。まず，組織社会化研究の新たなアジェンダを提示するとともに，関係モデルに基づいた記述を行う際の蓄積モデルの取り扱いについての若干の追加的考察を行う。そして，そのアジェンダに基づく試論的記述を通じて，同アジェンダの可能性を展望する。

1．組織社会化研究の新たなアジェンダ
本稿が提示する組織社会化研究のアジェンダは，関係モデルの形式に基づ

き，実際の組織において用いられる具体的なマネジメント施策のもとで構成される自己の諸様相を記述していくというものである。

　この自己の関係的記述を通じて，第一に，われわれは蓄積モデルに一般に見られるパターン化された記述を相対化することができる。例えば，これまで多くの組織社会化研究が調査対象としてきた新人社員研修についても，新人が知識やスキルを習得するにつれて，組織成員へと徐々に自己を変容させていくという線型的な記述がほとんどであった。しかし，新人社員研修のような，すでに語りつくされたと思えるような事例でも，関係モデルの観点からは別様の記述が可能なのである。[3] 第二に，記述形式が異なれば，浮き彫りにされる課題も全く異なるものとなる。蓄積モデルが組織と個人の対立というアポリアを描き出すものならば，関係モデルは異なる諸問題を描き出す。そのことこそが組織と個人の対立のアポリアを解きほぐしてくれるだろう。

　以下では，実際に関係モデルに基づいた記述を行う中で，これらの点を確認していくが，これまで，蓄積モデルと関係モデルを対置するように議論を進めてきたため，両者は相互に排他的なものであり，また，本稿は関係モデルの意義を主張し，蓄積モデルを否定するものと思われたかもしれない。だが，本稿は決してそのようなことを主張するものではない。

　自己を関係モデルの形式で記述していくということは，従来の蓄積モデルを無効化するものではない。むしろ，蓄積モデル無しに自己の関係的な記述は行えない。と言うのも，これまでの組織社会化研究の大多数が蓄積モデルであったことが示しているように，蓄積モデルはわれわれの日常常識として自明性を帯びている。新人社員を一人前の組織成員に仕立て上げるべく教育・訓練を行うこと，資格等級ごとに習得すべき能力要件を段階的に設定すること，これらはすべて蓄積モデルに基づいた社会的実践であり，蓄積モデルなくしてわれわれの日常生活は成立し得ない。そうである以上，関係モデルには，蓄積モデルのひとつメタの次元から，常識的知識として人々によって日常的に実践されている蓄積モデルそれ自体が資源となって形作られていく自己の諸様相の記述が求められるのである。

　以上を踏まえ，組織において人々がいかに自己を経験するのかについて，ひとつの試論的記述を試みていこう。はじめに断わっておくが，ここでの記

述はあくまで論理的に導出される仮説的な記述であり，実際の組織における自己の諸様相を経験的データとともに克明に記述したものではない。これは本稿が提示するアジェンダにそぐわないように思われるかもしれないが，ここでの狙いはあくまで，先行研究の記述を相対化することで蓄積モデルの記述では見落とされてきた自己にまつわる問題を浮き彫りにすることにある。

2．組織において経験される自己－試論的記述

　近年の企業における個人尊重主義の台頭は目覚ましい。個人尊重主義を標榜しない企業を探すのに一苦労するほどである。だが，かつては仕事において，このような個性的な自己が求められることはなかった。近代の工業生産システムや官僚制といった制度においては，匿名的な人間関係が求められる (Berger et al. 1973)。それは，組織内のあらゆる役割が代替可能性を基本的な性質とすることに由来する。それぞれの役割が特定の個人によってのみ遂行可能なものであるならば，その組織は人員の入れ替えが不可能になる。公式組織はその作動のために，個性を排した匿名的存在を必要とするのである。

　このような匿名化は，われわれに自己を二重に経験させることとなる。自己は一方では，他者と代替可能な「機能的存在」として経験され，他方で，何者にも代替不可能な「個人的存在」として経験される。通常われわれは，公式組織における労働が有する匿名性ゆえに，私生活において後者のかけがえのない個人的な自己を追求する傾向にある。[4] このように近代における自己は，その二重性に由来する分裂の統合が課題となる。

　だが，この二つの自己の間の境界はさほど確固たるものではなく，一方から他方への波及が見られる。人は公的な組織の中にも私情を持ちこんでしまうのが常である。また，匿名化された機能としての自己が個人としての自己を駆逐する人間疎外も一般に見られる現象である。特にこの場合，組織への参加によって，本来個人が有するはずの個性や主体性といった「人間らしい」性質は剥奪され，あたかも機械の部品のように取り扱われるのではないか，という組織に対する恐れが広く共有されることになる。

　このような人間疎外は，企業にとっても脅威となる。労働・雇用が人間疎外を生み出すという極論がまかり通れば，企業は人員確保が困難になるから

だ。それゆえ，企業は「個人尊重主義」を掲げ，個人の尊厳を守ることを余儀なくされた。このような個人尊重主義によって，労働環境が飛躍的に改善し，多くの人が人間疎外を免れたのは事実であろう。

　その一方で個人尊重主義は，仕事の世界に私的な自己が流入することを助長させた。組織においても人は「匿名化されないかけがえのない個人」として扱われるようになる。このことは自己の肥大化を招く原因となった。近年，「ワガママ社員」と呼ばれしばしば問題になっているように，人は個人尊重の名のもとに，個人的な利害を組織に優先させるようになる。もはや組織は協働の場とは見なされず，個人の自己成長や自己実現，さらには個性の表現のための単なる道具としてしか見なされないようになる。

　人員の匿名化を原理に作動する公式組織への，名前を持ったかけがえのない自己の乱入は，「人間の個性は無条件で尊重されるべきである」という個性の神聖視によって正当化される。ここでは，個性とは一体何であるのかが問われぬまま，いかなる人にも何らかの個性が内在するとされる。そしてこの内在的な個性こそが，自己の根源的な存立根拠であり，それゆえに個性を認めないことは，その人の存在そのものを否定することとして決して許されない。こうして，個性の尊重は何者の侵犯をも許さない究極的価値となり，公式組織を作動させるための匿名化と正面からぶつかり合うことになる。

　そこで，個性尊重を否定することなく，同時に組織の正常な作動を達成するべく，暗黙裡に「個人」の脱神聖化が行われる。その際に一般に活用されるのが「望ましい人材像」である。この望ましい人材像は通常，「チャレンジ精神」「自発性」などの複数の項目から構成されるが，ここではその中でも広く一般に見られる「実用志向」という項目を取り上げよう。

　ここで言う実用志向とは，「人（社会・組織）の役に立つことへの志向」を意味する。このような実用志向は，自己の存立根拠を属人的で神聖な個性に求めるのではなく，「役に立つこと」という世俗的な位相に自己の存立根拠を求めるように促す。この実用志向は，「社員教育」「上司の教え」などのあらゆる取り組みに巧妙に刷り込まれており，水面下で個人の脱神聖化を進行させる[5]。こうして，属人的個性が人間の存立根拠として表向きには信じられる一方で，「働かざる者食うべからず」とも言うように，他人・組織・社会の役

に立たない者は存立根拠が不十分であるという意識の二重性が生じる。

　この実用志向が浸透していくにつれ，以下のような事態が生じる。まず，われわれは，実用的でない自己に対する価値を感じにくくなることがある。われわれが本当に愛着を感じている自己がさして社会や人の役に立つ見込みのないものならば（趣味の陶芸制作に没頭する自己など），われわれはそのような自己を後ろめたさとともに経験するようになる。それらは単なる気晴らしのための活動に過ぎず，たとえ格別の愛着を感じていたとしても，そのような自己から自身の存在価値を感じることは困難になる。結果，半ば嘲笑を込めながら自らを「社畜」「組織の歯車」と称することで，何かの役に立ち，価値ある自己を取り繕うことさえ行われる。

　次に，自分自身の存在意義を得るために，組織での労働にますますのめり込むことがある。なぜなら，多くの人にとって労働への従事とは，自らの存在意義を得るのに最も手っ取り早い方法だからである。この場合，代替不可能な個人としての自己の存立が，代替可能性を本質とする組織の公的世界の中に求められるというパラドキシカルな現象が生じる。従来，人は自分自身のかけがえのなさを私生活に求めてきた。もちろん，Berger et al.（1973）が指摘するように，私生活において探求される自己の「独自性」「自分らしさ」といったものは，すべて社会において既成の自己のあり方として「パッケージ化」されたものである。しかし，それでも私生活においては様々な自己のパッケージが存在するがゆえに他者との差異化を容易に図ることができる。この選択肢の多さにゆえに，既成パッケージとしての自己はあたかも唯一のかけがえのない自己であるかのように経験されるのである。

　だが，組織での仕事の中には通常，このような多様なパッケージは用意されていない。組織における個性のパッケージは，私生活におけるパッケージよりも匿名化されているため，はるかに選択の余地が少ない。人は私生活においては反体制のパンク・ロッカーであることもできるが，組織においては困難なのである。それゆえ，人は数少ないパッケージで無理にでも自身の個性を表現しなければならなくなり，自分の個性と呼ばれるところのものに対して，よそよそしさを感じるといった事態が生じるのである。

　もちろん，限られた中からの選択であったとしても，その個性に，リアリ

ティと愛着を感じることもできる。組織成員としての自己と，自らの最も個人的な自己はほぼ重なり合って経験され，組織の目的と個人の動機は一致しているように感じられる。人は勤労意欲に溢れ，俗に言う仕事を通じた「自己実現」を達成することとなる[6]。このような場合，組織と個人の対立や葛藤は生じない。だが，このような自己はあくまで組織内の承認関係の中で成立しているものである以上，他者による肯定を絶えず必要とする。そのため，「自己実現」と自己崩壊は紙一重でもある。

　このように実用志向は，われわれ自身の存立根拠を他者承認に求めるよう動機づける。だが，他者承認を常に獲得し続けることは容易ではないため，自己の存立基盤は常に崩壊の危険にさらされている。それゆえ実用志向の浸透が，自己の存立根拠の内面帰属への退行を促すよう逆向きに作用する場合がある。他者承認に自己の存立根拠を委ねるその不確かさが，自己の存立根拠をより確からしい自分自身の内面へと向かわせるのである。しかし多くの場合，自己の存立根拠はいくら自らの内面を探しても見つからない。それゆえ，根拠探しは再び自己の外部の他者承認へと向かって循環するのである。

　ここまで，組織で協働する人々がいかに自己を経験しているか，その論理的に生じ得る諸様相を記述してきた。以上の記述によって，組織と個人の間の単純な対立関係では捉えきれない，われわれの自己の複雑な様相をある程度は示すことができたと思われる。われわれは組織と個人が混然一体となった緊張関係の中で，多様な自己を経験しているのである。

Ⅳ．おわりに

　本稿では自己の記述形式について，関係モデルの有する可能性の展望を試みた。その試論的記述においては自己にまつわる問題点が列挙されたにとどまり，何ら具体的な解決策が導き出されたわけではない。挙げられた問題点もまた，決して容易に解決できる類のものではないだろう。だが，このような記述を通じて初めて，われわれは組織と個人の対立というアポリアを逃れ，現代的なマネジメントの再考と改善の糸口を掴むことができるのである。

注
1）「蓄積モデル」「関係モデル」という用語は，石飛（1996）から借用したものである。
2）このような記述の好例がアーヴィング・ゴッフマンの諸研究（e.g. Goffman 1959；1961）であろう。Van Maanenらの社会化研究も，ゴッフマンの記述形式に依拠するものである（Van Maanen 1978, p. 36）。
3）近年，このような萌芽的な試みを行った研究としてCzarniawska and Kunda（2010）が挙げられる。そこでは，新入社員研修が，一方では自由に意見の交換を行う成熟した「大人」としての自己を新人に求め，同時に，適切な価値観や態度を一方的に教え込まれ，必要であれば叱られたり褒められたりする「幼児」としての自己を新人に求める社会的布置を有することが記述される。
4）他方で，われわれは私生活における人間関係に煩わしさを感じ，仕事における匿名的な人間関係の中に私生活からの逃避を求めることもある（Berger et al. 1973）。
5）このような個人の脱神聖化のために駆使される多様なレトリックやテクニックについては，前川（2010）を参照のこと。
6）ここでの「自己実現」という用語は，学術用語ではなく，通俗化されたビジネス用語のそれを指す。

参考文献

Bauer, T. N., Morrison, E. W. and Callister, R. R. (1998), "Organizational socialization: A review and directions for future research." In Ferris, G. R. and Rowland, K. M. (Eds.), *Research in Personnel and Human Resource Management,* 16, pp. 149-214, Greenwich, CT: JAI Press.

Berger, P. L., Berger, B. and Kellner, H. (1973), *The Homeless Mind,* Random House Vintage.（高山真知子・馬場伸也・馬場恭子訳『故郷喪失者たち』新曜社，1977年。）

Czarniawska, B. and Kunda, G. (2010), "Socialization into modernity: on organizational enculturation in infantocracies," *Journal of Organizational Change Management,* 23, pp. 180-194.

Goffman, E. (1959), *The Presentation of Self in Everyday Life,* Doubleday.（石黒 毅訳『行為と演技』誠信書房，1974年。）

Goffman, E. (1961), *Asylums: Essays on the Social Situation of Mental Patients and Other Inmates,* Doubleday & Company, Inc.（石黒 毅訳『アサイラム』誠信書房，1984年。）

Klausner, M. and Groves, M. A. (2002), "Organizational socialization," in Farazmand, A. (Ed.), *Modern Organizations: Theory and Practice,* 2nd ed., Praeger Pub, pp. 207-230.

Kramer, M. W. and Miller, V. D. (1999), "A response to criticisms of organizational socialization research: In support of contemporary conceptualizations of organizational assimilation," *Communication Monographs,* 66, pp. 358-367.

Saks, A. M. and Ashforth, B. E. (1997), "Organizational socialization: Making sense of the past and present as a prologue for the future," *Journal of Vocational Behavior,* 51, pp. 234-279.

Van Maanen, J. (1976), "Breaking in: A consideration of organizational socialization," in Dubin, R. (Ed.), *Handbook of Work, Organization and Society,* Chicago: Rand-McNally.

Van Maanen, J. (1978), "People processing: Strategies of organizational socialization," *Organizational Dynamics,* 7, pp. 18-36.

Van Maanen, J. and Schein, E. H. (1979), "Toward a theory of organizational socialization," in Staw, B. M. (Ed.), *Research in Organizational Behavior,* 1, pp. 209-264.

石飛和彦（1996），「「しつけ会話」のエスノメソドロジー」『教育・社会・文化』第3巻, 1-22頁。

磯村和人（1991），「組織における人格の分裂と統合のメカニズム―バーナードの組織人格と個人人格の概念をめぐって―」『經濟論叢』第147巻4・5・6号, 148-162頁。

前川孝雄（2010），「解説　上司必読　メンバーシップ―組織に貢献する部下の心得―」『労政時報』第3772号, 68-89頁。

第Ⅳ部
文　　献

ここに掲載の文献一覧は，第Ⅱ部の統一論題論文執筆者が各自のテーマの基本文献としてリストアップしたものを，年報編集委員会の責任において集約したものである。

1 日本における経営学の貢献と反省──21世紀を見据えて──

外国語文献

1. Burrell, G. and Morgan, G. (1979), *Sociological Paradigms and Organisational Analysis,* Heinemann.（鎌田伸一・金井一賴・野中郁次郎『組織理論のパラダイム──機能主義の分析枠組──』千倉書房，1986年。）
2. Crainer, S. (2000), *The Management Century,* Booz Allen & Hamilton.（嶋口充輝監訳『マネジメントの世紀 1901-2000』東洋経済新報社，2000年。）
3. Hoopes, J. (2003), *False Prophets,* Perseus Pub.（有賀裕子訳『経営理論偽りの系譜──マネジメント思想の巨人たちの功罪──』東洋経済新報社，2006年。）
4. Kieser, A. and Kubicek, H. (1978), *Organisationstheorien,* Kohlhammer.（田島壯幸監訳『組織理論の諸潮流 Ⅰ・Ⅱ』千倉書房，1981・1982年。）
5. Pugh, D. S. and Hickson, D. J. (2000), *Great Writers on Organizations,* Ashgate.（北野利信訳『現代組織学説の偉人たち──組織パラダイムの生成と発展の軌跡──』有斐閣，2003年。）
6. Sheldrake, J. (1996), *Management Theory: from Taylorism to Japanization,* International Thomson Business Press.（齊藤毅憲・幸田浩文・川口恵一・吉田　誠・池田玲子・藤原敬一訳『経営管理論の時代──テイラー主義からジャパナイゼーションへ──』文眞堂，2000年。）
7. Toyne, B. and Nigh, D. ed. (1997), *International Business: An Emerging Vision,* University of South Carolina Press.（村山元英監訳，国際経営文化学会訳『組織理論と組織行動の視座』文眞堂，2000年。）
8. Wren, D. A. (1994), *The Evolution of Management Thought,* 4th Edition, John Wiley & Sons.（佐々木恒男監訳『マネジメント思想の進化』文眞堂，2003年。）
9. Wren, D. A. and Greenwood, R. G. (1998), *Management Innovators,* Oxford University Press.（井上昭一・伊藤健市・廣瀬幹好監訳『現代ビジネスの革新者たち──テイラー，フォードからドラッカーまで──』ミネルヴァ書房，2000年。）

日本語文献
1 片岡信之・篠崎恒夫・高橋俊夫編著（1998），『新しい時代と経営学』ミネルヴァ書房。
2 経営学史学会編（2000），『経営学百年――鳥瞰と未来展望――』文眞堂。
3 経営学史学会編（2012），『経営学史事典［第2版］』文眞堂。
4 経営学史学会監修（2011-2013），『経営学史叢書 全14巻』文眞堂。
5 代田郁保（2006），『管理思想の構図』税務経理協会。
6 裴富吉（1990），『経営学発達史――理論と思想――』学文社。
7 三戸 公（2002），『管理とは何か――テイラー，フォレット，バーナード，ドラッカーを超えて――』文眞堂。
8 村田晴夫・吉原正彦編（2010），『経営思想研究への討究――学問の新しい形――』文眞堂。
9 山本安次郎（1977），『日本経営学五十年――回顧と展望――』東洋経済新報社。
10 渡辺 峻・角野信夫・伊藤健市編著（2003），『やさしく学ぶマネジメントの学説と思想』ミネルヴァ書房。

2　企業理論の発展と21世紀の経営学

外国語文献
1 Berle, A. A. and Means, G. C. (1932), *The Modern Corporation and Private Property,* Macmillan.（北島忠男訳『近代株式会社と私有財産』文雅堂銀行研究社，1958年。）
2 Coase, R. H. (1988), *The Firm, the Market, and the Law,* University of Chicago Press.（宮沢健一・後藤 晃・藤垣芳文訳『企業・市場・法』東洋経済新報社，1992年。）
3 Drucker, P. F. (1942), *The Future of Industrial Man : A Conservative Approach,* John Day.（上田惇生訳『産業人の未来』ダイヤモンド社，2008年。）
4 Drucker, P. F. (1946), *Concept of the Corporation.*（上田惇生訳『会社とは何か』ダイヤモンド社，2008年。）
5 Drucker, P. F. (1950), *The New Society : The Anatomy of the Industrial Order,* Harper & Brothers.（現代経営研究会訳『新しい社会と新しい経営』ダイヤモンド社，1957年。）
6 Williamson, O. E. (1975), *Markets and Hierarchies : Analysis and*

Antitrust Implications. (浅沼萬里・岩崎　晃訳『市場と企業組織』日本評論社, 1980年。)

日本語文献
1　小原敬士 (1971),『経営学全書11　ビッグビジネス論』丸善。
2　菊澤研宗 (2004),『比較コーポレート・ガバナンス論』有斐閣。
3　菊澤研宗 (2006),『組織の経済学入門──新制度派経済学アプローチ──』有斐閣。
4　佐々野謙治 (2003),『ヴェブレンと制度派経済学──制度派経済学の復権を求めて──』ナカニシヤ出版。
5　ロナルド・ドーア (2011),『金融が乗っ取る世界経済──21世紀の憂鬱──』中公新書。
6　正木久司 (1983),『株式会社支配論の展開 (アメリカ編)』文眞堂。
7　正木久司・角野信夫 (1989),『経営学──人と学説──バーリ』同文舘出版。
8　三戸　公 (2011)『ドラッカー、その思想』文眞堂。

3　企業の責任化の動向と文明社会の行方

外国語文献
1　Andrews, K. R. ed. (1989), *Ethics in Practice : Managing the Moral Corporation,* Harvard Business School Press.
2　Buchholz, R. A. (2012), *Reforming Capitalism : The Scientific Worldview and Business,* Routledge.
3　Crane, A. and Matten, D. eds. (2012), *New Directions in Business Ethics,* Vol. 2, Sage.
4　Frederick, R. T. ed. (1999), *A Companion to Business Ethics,* Blackwell.
5　Frederick, W. C. (2006), *Corporation, Be Good! : The Story of Corporate Social Responsibility,* Dog Ear.
6　Post, J. E., Lawrence, A. T. and Weber, J. (2001), *Business and Society : Corporate Strategy, Public Policy, Ethics,* 10th ed., McGraw-Hill. (松野　弘他監訳『企業と社会 (上)(下)』ミネルヴァ書房, 2012年。)
7　Rosenthal, S. B. and Buchholz, R. A. (2000), *Rethinking Business Ethics : A Pragmatic Approach,* Oxford University Press. (岩田　浩・石田秀雄・藤井一弘訳『経営倫理学の新構想』文眞堂, 2001年。)

8 Scherer, A. G. and Palazzo, G. eds. (2008), *Handbook of Research on Global Corporate Citizenship,* Edward Elgar.
9 Walzer, M. ed. (1995), *Toward a Global Civil Society,* Berghahn Books.
10 Welford, R. and Gouldson, A. (1993), *Environmental Management & Business Strategy,* Pitman.

日本語文献
1 飯田　隆他編 (2009)，『岩波講座　哲学 10　社会／公共性の哲学』岩波書店。
2 佐伯啓思 (2009)，『大転換──脱成長社会へ──』NTT出版。
3 高田　馨 (1989)，『経営の倫理と責任』千倉書房。
4 田中　裕・村田晴夫他 (1995)，『ホワイトヘッドと文明論』行路社。
5 西部　邁・佐伯啓思他 (2011)，『危機の思想』NTT出版。
6 庭本佳和 (2006)，『バーナード経営学の展開』文眞堂。
7 山脇直司 (2008)，『グローカル公共哲学』東京大学出版会。

4　産業経営論議の百年──貢献，限界と課題──

外国語文献
1 Abernathy, W. J. (1978), *The Productivity Dilemma,* Johns Hopkins University Press.
2 Altshuler, A. et al. (1984), *The Future of the Automobile: the Report of MIT's International Automobile Program,* MIT Press.
3 Baldwin, C. and Clark, K. B. (2000), *Design Rules,* MIT Press.（安藤晴彦訳『デザイン・ルール──モジュール化パワー──』東洋経済新報社，2004年。）
4 Braverman, H. (1974), *Labor and Monopoly Capital: the Degradation of Work in the Twentieth Century,* Monthly Review Press.（富沢賢治訳『労働と独占資本──20世紀における労働の衰退──』岩波書店，1978年。）
5 Chandler, A. D. (1964), *Giant Enterprise: Ford, General Motors, and the Automobile Industry,* Harcourt, Brace & World.（内田忠夫・風間禎三郎訳『競争の戦略──GMとフォードー栄光への足跡──』ダイヤモンド社，1970年。）
6 Ford, H. (1930), *Moving Forward,* Doubleday, Doran & Co.（豊土　栄訳

『ヘンリー・フォード著作集——20世紀の巨人事業家—— 上・下』創英社, 2000年。)
7 Hawken, P. et al. (1999), *Natural Capitalism: Creating the Next Industrial Revolution*, Little, Brown and Co. (佐和隆光監訳『自然資本の経済——「成長の限界」を突破する新産業革命——』日本経済新聞社, 2001年。)
8 Rothschild, E. (1973), *Paradise Lost: the Decline of the Auto-Industrial Age*, Random House. (黒木寿時訳『デトロイトの曲り角——アメリカの自動車産業——』金沢文庫, 1976年。)
9 Sloan, A. P. (1964), *My Years with General Motors*, Doubleday. (田中融二他訳『GMとともに』ダイヤモンド社, 1967年。)
10 Taylor, F. W. (1903), *Shop Management*, Harper & Row.
11 Taylor, F. W. (1911), *The Principles of Scientific Management*, Harper & Row.
12 Taylor, F. W. (1912), *Taylor's Testimony before the Special Committee of the House of Representatives.* 文献10, 11, 12は、いずれもTaylor, F. W. (1947), *Scientific Management*, Harper & Brothers. に収められている。(上野陽一訳編『科学的管理法』産業能率短期大学出版部, 1969年。)
13 Thompson, P. (1983/1989), *The Nature of Work: an Introduction to Debates on the Labour Process*, The Macmillan Press. (成瀬龍夫他訳『労働と管理——現代労働過程論争——』啓文社, 1990年。)

日本語文献
1 大野耐一 (1978),『トヨタ生産方式——脱規模の経営をめざして——』ダイヤモンド社。
2 野村正實 (1993),『トヨティズム——日本型生産システムの成熟と変容——』ミネルヴァ書房。
3 藤本隆宏・武石 彰・青島矢一編 (2001),『ビジネス・アーキテクチャ——製品・組織・プロセスの戦略的設計——』有斐閣。
4 宗像正幸・貫 隆夫・坂本 清編著 (2000),『現代生産システム論——再構築への新展開—— (叢書現代経営学 9)』ミネルヴァ書房。
5 和田一夫 (2009),『ものづくりの寓話——フォードからトヨタへ——』名古屋大学出版会。

5 東京電力・福島第一原発事故と経営学・経営史学の課題

外国語文献
1 Hughes, T. P. (1983), *Networks of Power : Electrification in Western Society,* Baltimore, Johns Hopkins University Press.
2 International Energy Agency (2011), *World Energy Outlook 2011,* Paris.
3 International Energy Agency (2012), *World Energy Outlook 2012,* Paris.

日本語文献
1 開沼 博 (2011),『フクシマ論 原子力ムラはなぜ生まれたか』青土社。
2 門田隆将 (2012),『死の淵を見た男 吉田昌郎と福島第一原発の五〇〇日』PHP研究所。
3 橘川武郎 (2004),『日本電力業発展のダイナミズム』名古屋大学出版会。
4 橘川武郎 (2012),『電力改革 エネルギー政策の歴史的大転換』講談社。
5 澤 昭裕 (2012),『精神論ぬきの電力入門』新潮社。
6 通商産業政策史編纂委員会編, 橘川武郎著 (2011),『通商産業政策史第10巻 資源エネルギー政策』経済産業調査会。
7 東京電力 (2012),『福島原子力事故調査報告書』。
8 東京電力福島原子力発電所事故調査委員会 (2012),『国会事故調報告書』徳間書店。
9 東京電力福島原子力発電所における事故調査・検証委員会 (2012),『最終報告』。
10 福島原発事故独立検証委員会 (2012),『調査・検証報告書』ディスカヴァー・トゥエンティワン。

6 マネジメント思想における「個人と組織」の物語り
——「個人と組織」の20世紀から「関係性」の21世紀へ——

外国語文献
1 Barnard, C. I. (1938), *The Functions of the Executive,* Harvard University Press.（山本安次郎・田杉 競・飯野春樹訳『新訳 経営者の役割』ダイヤモンド社, 1968年。）
2 Graham, P. (1995), *Mary Parker Follett: Prophet of Management: A*

  Celebration of writings from the 1920s, Harvard Business School Press.（三戸　公・坂井正廣監訳『M・P・フォレット　管理の予言者』文眞堂，1999年。）
3 Herzberg, F. (1966), *Work and the Nature of Man,* World Pub. Co., T. Y. Crowell.（北野利信訳『仕事と人間性――動機づけ-衛生理論の新展開――』東洋経済新報社，1968年。）
4 Lawrence, P. R. and Lorsch, J. W. (1969), *Organization and Environment: Managing Differentiation and Integration,* R. D. Irwin.（吉田　博訳『組織の条件適応理論――コンティンジェンシー・セオリー――』産業能率短期大学出版部，1977年。）
5 March, J. G. and Simon, H. A. (1958), *Organizations,* John Wiley & Sons, Inc.（土屋守章訳『オーガニゼーションズ』ダイヤモンド社，1977年。）
6 McGregor, D. (1960), *The Human Side of Enterprise,* McGraw-Hill.（高橋達男訳『企業の人間的側面』産業能率短期大学，1966年。）
7 Mead, G. H. (1934), *Mind, Self and Society: From the Standpoint of a Social Behaviorist,* University of Chicago Press.（稲葉三千男・滝沢正樹・中野　収訳『精神・自我・社会』青木書店，1973年。）
8 Roethlisberger, F. J. and Dickson, W. J. (1939), *Management and the Worker: an account of a research program conducted by the Western Electric Company, Hawthorne Works, Chicago,* Harvard University Press.（野田一夫・川村欣也訳『経営と勤労意欲』ダイヤモンド社，1954年。）
9 Scott, W. G. and Hart, D. K. (1979), *Organizational America,* Houghton Mifflin.（寺谷弘壬監訳『経営哲学の大転換』日本ブリタニカ，1981年。）
10 Simon, H. A. (1947), *Administrative Behavior: A Study of Decision-Making Processes in Administrative Organization,* Macmillan.（松田武彦・高柳　暁・二村敏子訳『経営行動』ダイヤモンド社，1965年。）
11 Simmel, G. (1908), *SOZIOLOGIE: Untersuchungen über die Formen der Vergesellshaftung,* Duncker Humblot.（居安　正訳『社会学――社会化の諸形式についての研究――　上・下』白水社，1994年。）
12 Taylor, F. W. (1911), *The Principles of Scientific Management,* Harper.（上野陽一訳編『科学的管理法』産業能率短期大学出版部，1969年。）
13 Whyte, W. H. Jr. (1956), *The Organization Man,* Simon & Schuster.（岡部慶三・藤永　保訳『組織の中の人間――オーガニゼーション・マン――

上・下』東京創元社，1959年。）
14　Wren, D. A. (1994), *The Evolution of Management Thought,* 4th ed., John Wiley & Sons.（佐々木恒男監訳『マネジメント思想の進化』文眞堂，2003年。）

日本語文献
1　菅野　仁（2003），『ジンメル・つながりの哲学』日本放送出版協会。
2　中牧弘允・日置弘一郎編（1997），『経営人類学ことはじめ——会社とサラリーマン——』東方出版。
3　三井　泉（2009），『社会的ネットワーキング論の源流——M. P. フォレットの思想——』文眞堂。
4　三戸　公（2002），『管理とは何か——テイラー，フォレット，バーナード，ドラッカーを超えて——』文眞堂。
5　三戸　公（2011），『ドラッカー、その思想』文眞堂。
6　村田晴夫（1984），『管理の哲学——全体と個・その方法と意味——』文眞堂。
7　村田晴夫・吉原正彦編（2010），『経営思想研究への討究——学問の新しい形——』文眞堂。
8　吉原正彦（2006），『経営学の新紀元を拓いた思想家たち——1930年代のハーバードを舞台に——』文眞堂。

7　経営学史における組織と時間——組織の発展と個人の満足——

外国語文献
1　Barnard, C. I. (1938), *The Functions of the Executive,* Harvard University Press.（山本安次郎・田杉　競・飯野春樹訳『新訳　経営者の役割』ダイヤモンド社，1968年。）
2　Whitehead, A. N. (1967), *Science and the Modern World,* The Free Press (first ed. 1925).（上田泰治・村上至孝訳『科学と近代世界』松籟社，1981年。）
3　Whitehead, A. N. (1967), *Adventures of Ideas,* The Free Press (first ed. 1933).（山本誠作・菱木正晴訳『観念の冒険』松籟社，1982年。）
4　Whitehead, A. N. (1979), *Process and Reality: An Essay in Cosmology,* (Corrected Edition edited by Griffin, D. R. and Sherburne, D. W.), The Free Press (first ed. 1929).（山本誠作訳『過程と実在』松籟社，

1979年。山本誠作訳『過程と実在（上）（下）』松籟社，1984，1985年。平林康之訳『過程と実在(1)(2)』みすず書房，1981，1983年。）

日本語文献
1　飯野春樹（1978），『バーナード研究』文眞堂。
2　小笠原英司（2004），『経営哲学研究序説――経営学的経営哲学の構想――』文眞堂。
3　長岡克行（2006），『ルーマン／社会の理論の革命』勁草書房。
4　庭本佳和（2006），『バーナード経営学の展開――意味と生命を求めて――』文眞堂。
5　村田晴夫（1984），『管理の哲学――全体と個・その方法と意味――』文眞堂。
6　村田晴夫（1990），『情報とシステムの哲学――現代批判の視点――』文眞堂。
7　村田晴夫・吉原正彦編（2010），『経営思想研究への討究――学問の新しい形――』文眞堂。
8　吉原正彦（2006），『経営学の新次元を拓いた思想家たち――1930年代のハーバードを舞台に――』文眞堂。

第V部
資 料

経営学史学会第20回記念全国大会実行委員長挨拶

風 間 信 隆

　経営学史学会第20回記念全国大会は，2012年5月25日から27日までの3日間，明治大学駿河台校舎を会場として開催されました。創立大会，第10回大会に続く第20回大会という節目に明治大学を開催校としてご決定頂いてきたことを実行委員一同大きな誇りに感じますと同時に，会員の皆様のご理解・ご支援に心よりお礼申し上げます。記念大会ということもあってか，120名を超える，多数の会員の方々に大会に参加して頂きました。本大会にご参加頂いた，全ての会員の皆様に実行委員会を代表して深甚なる感謝を申し上げます。

　第20回記念全国大会におきましては「経営学の貢献と反省─21世紀を見据えて─」という統一論題の下で，(1)企業論，(2)事業論そして(3)組織論の3つのサブテーマを設定し，各サブテーマで2人の先生方から，合計6つのご報告を頂きました。統一論題「解題」にも示されておりますように，経営学史百年を「20世紀経営学」の形成史と捉えたうえで，その基本原理と主導的理論枠組みの特色を明らかにし，新たな「21世紀経営学」の可能性を展望することが大きな狙いとされております。まさに第20回大会という学会の大きな節目に次の20年の学会の発展に向けて新たなスタートを切る大会として位置づけることのできるテーマだと理解しております。なお記念大会ということで今大会では学会顧問である三戸　公先生に基調報告をお願いし，また会員外からも橘川武郎（一橋大学大学院）先生にもご報告頂きました。いずれも鋭い問題意識と深い洞察に基づく刺激的なご報告で記念大会に相応しいご報告を頂き，会場からも熱気に満ちた，活発な質疑・討論が交わされました。また自由論題では9人の先生方に鋭い問題意識に立たれた最新の研究成果をご報告頂きました。報告者・司会者・討論者そしてチェアパーソンの先生方のご協力に改めて深く感謝申し上げます。

　最後に，何とか無事に大会を終了させることができましたのも，理事長小

笠原英司先生をはじめ理事・監事の諸先生ならびに学会事務局の山口隆之先生に，開催決定直後から大会当日に至るまで懇切丁寧なご指導・ご助言を賜りましたお陰です。また本大会の運営に当たって日本経済学会連合から学会補助費を受けることができましたのも前理事長である高橋由明先生のご尽力・ご支援の賜物です。この場を借りて，心よりお礼申し上げます。

第20回記念全国大会を振り返って

山　縣　正　幸

　経営学史学会第20回記念全国大会は，第1回，そして第10回大会を開催した明治大学において，2012年5月25日（金）から27日（日）にかけて開催された。今回の大会では，学会創立20周年記念事業として編纂された『経営学史事典』（第2版）が会員に配布され，「経営学史叢書」の刊行も始まるなど，本学会の新たな門出たるにふさわしい盛会となった。

　まず，今大会の実行委員長である風間信隆会員より開会が宣せられ，記念すべき20回大会の幕が切って落とされた。今大会の統一論題は「経営学の貢献と反省―21世紀を見据えて―」というテーマのもと，記念講演を兼ねた三戸　公顧問による基調講演「日本における経営学の展開と反省」，さらにサブテーマとしてサブテーマⅠ：「企業論」，サブテーマⅡ：「事業論」，サブテーマⅢ：「組織論」という3つが設定された。

　三戸顧問の基調講演においては，ドイツ経営経済学の受容に始まり，《骨はドイツ，肉はアメリカ》から《アメリカ一辺倒》への変容，ドラッカーの影響といった20世紀における日本の経営学の展開が明らかにされ，さらに21世紀の諸課題に対して，経営学がいかなる貢献をなしうるのかが論じられた。

　そして，基調講演をうけて，初日の午後にはサブテーマⅠ：「企業論」とサブテーマⅡ：「事業論」の報告ならびに討論が行われた。サブテーマⅠでは，勝部伸夫会員の「企業理論の発展と21世紀の経営学」，岩田浩会員の「企業の責任化の動向と文明社会の行方」と題する報告が行われた。さらに，サブテーマⅡでは，宗像正幸会員の「産業経営論義の百年―その貢献，限界と経営学の課題―」，非会員で電力事業の経営史研究で知られる橘川武郎一橋大学教授の「東京電力・福島第一原発事故と経営学・経営史学の課題」と題する報告が行われた。また，2日目の統一論題では，サブテーマⅢに関して，三井泉会員の「自由と統制―マネジメント思想における個人と組織の物語り―」，村田晴夫会員の「経営学史における組織と時間―組織の発展と個人の満足―」

と題する報告が行われた。

　すべてのサブテーマに関して，フロアから数多くの質問が出されて，活発な議論が展開された。理論的な側面のみならず，今，現実に発生している諸課題をどう捉えていくのかという本学会の最大の特色が濃密にあらわれていたように感じられた。と同時に，これから経営学史学会が向き合っていくべきテーマの姿もまた具現化した大会であった。

　自由論題報告は，今回9つがなされた。いずれの会場においても，意欲的な報告とそれに対する活発な議論が展開され，盛況であった。

　総会においては，1年間の活動報告と次年度の活動計画，ならびにそれに関する決算と予算についての報告・審議が行われた。また，2011年度の経営学史学会賞は，審査の結果，三戸　公会員の『ドラッカー，その思想』（文眞堂），岡本人志会員の『企業行動とモラル』（文眞堂）に授与されることが発表され，小笠原英司理事長から表彰が行われた。その後の懇親会では，明治大学の紫紺館において充実した時間を過ごすことができた。

　今回の第20回記念全国大会が充実した内容となり，まさに"記念"たるにふさわしい大会となったのも，ひとえに周到な準備をしてくださった大会実行委員長・風間信隆会員をはじめとする明治大学の先生方，また当日にスタッフとして活躍してくださった学生さんたちのおかげである。あらためて，心より御礼申し上げる次第である。

　なお，第20回記念全国大会のプログラムは以下のとおりである。

　　　　　2012年5月26日

【自由論題】（報告25分，質疑応答35分）

A会場（LT 1133教室）

　　9：30〜10：30　福本俊樹（神戸大学・院）
　　　　　　　　　「組織社会化概念の理論的拡張―組織と個人の葛藤を
　　　　　　　　　　超えた実践論的展望―」
　　　　　　　　　チェアパーソン：宇田川元一（西南学院大学）

B会場（LT 1134教室）

　　9：30〜10：30　眞板伸代（横浜国立大学・院）
　　　　　　　　　「NPOと企業の比較―ドラッカー3機能論の視点か

　　　　　　　　　　ら一」
　　　　　　　チェアパーソン：高橋公夫（関東学院大学）
C会場（LT 1136教室）
　　9：30～10：30　安　兌燗（明治大学・院）
　　　　　　　「韓国企業におけるCSRの実態―CSR概念の学史的
　　　　　　　考察を踏まえて―」
　　　　　　　チェアパーソン：谷口照三（桃山学院大学）
【開会・基調報告（記念講演）】（リバティータワー2階・1021教室）
　　10：40～11：30　開会の辞：第20回記念全国大会実行委員会委員長　風間
　　　　　　　信隆（明治大学）
　　　　　　　基調報告（記念講演）：三戸　公（経営学史学会顧問）
　　　　　　　論　題：「日本における経営学の展開と反省」
　　　　　　　司会者：小笠原英司（明治大学・経営学史学会理事長）
【統一論題】（リバティータワー2階・1021教室）（報告30分，討論20分，質疑
　　応答60分）
　　12：30～14：50　サブテーマⅠ：企業論
　　　　　　　報告者：勝部伸夫（熊本学園大学）
　　　　　　　論　題：「企業理論の発展と21世紀の経営学」
　　　　　　　報告者：岩田　浩（摂南大学）
　　　　　　　論　題：「企業の責任化の動向と文明社会の行方」
　　　　　　　討論者：山縣正幸（近畿大学）
　　　　　　　司会者：三戸　浩（横浜国立大学）
　　15：00～17：20　サブテーマⅡ：事業論
　　　　　　　報告者：宗像正幸（神戸大学）
　　　　　　　論　題：「産業経営論議の百年―その貢献，限界と経営学
　　　　　　　　　　　の課題―」
　　　　　　　報告者：橘川武郎（一橋大学）
　　　　　　　論　題：「東京電力・福島第一原発事故と経営学・経営史
　　　　　　　　　　　学の課題」
　　　　　　　討論者：沼上　幹（一橋大学）

　　　　　　　　　　司会者：片岡信之（桃山学院大学）
【会員総会】（リバティータワー2階・1021教室）
　　17：20〜18：00
【懇親会】（紫紺館4階）
　　18：20〜20：20

　　2012年5月27日
【自由論題】（報告25分，質疑応答35分）
A会場（LT 1133教室）
　10：00〜11：00　澤田浩二（立命館大学・院）
　　　　　　　　　「日本におけるチャンドラー学説の受容―その変遷と近
　　　　　　　　　年の動向―」
　　　　　　　　　チェアパーソン：佐々木利廣（京都産業大学）
　11：10〜12：10　春日　賢（北海学園大学）
　　　　　　　　　「ドラッカーにおける目的・目標について」
　　　　　　　　　チェアパーソン：藤沼　司（青森公立大学）
B会場（LT 1134教室）
　10：00〜11：00　高木俊雄（沖縄大学）
　　　　　　　　　「経営戦略論に内在する規範とその強化」
　　　　　　　　　チェアパーソン：丹沢安治（中央大学）
　11：10〜12：10　清水一之（明治大学）
　　　　　　　　　「ヨーロッパ合衆国におけるドイツの企業経営」
　　　　　　　　　チェアパーソン：山口隆之（関西学院大学）
C会場（LT 1136教室）
　10：00〜11：00　岡本丈彦（関西学院大学・院）
　　　　　　　　　「v. ヴェルダーの企業の管理組織についての一考察―組
　　　　　　　　　織的な観点と法的な観点から考察される企業の管理組
　　　　　　　　　織―」
　　　　　　　　　チェアパーソン：松田　健（駒澤大学）
　11：10〜12：10　岡本人志（尾道大学）

「ニックリッシュの経営共同体論について」
　　　　　　　　チェアパーソン：海道ノブチカ（関西学院大学）
【統一論題】（リバティータワー2階・1021教室）（報告30分，討論20分，質疑応答60分）
　13：10～15：30　サブテーマⅢ：組織論
　　　　　　　　報告者：三井　泉（日本大学）
　　　　　　　　論　題：「自由と統制―マネジメント思想における個人と組織の物語り―」
　　　　　　　　報告者：村田晴夫（青森公立大学）
　　　　　　　　論　題：「経営学史における組織と時間―組織の発展と個人の満足―」
　　　　　　　　討論者：藤井一弘（青森公立大学）
　　　　　　　　司会者：岸田民樹（名古屋大学）
【大会総括・閉会】（リバティータワー2階・1021教室）
　15：30～15：45　大会総括：学会理事長　小笠原英司（明治大学）
　　　　　　　　閉会の辞：第20回記念全国大会実行委員会委員長　風間信隆（明治大学）

執筆者紹介（執筆順，肩書には大会後の変化が反映されている）

三戸　　公（千葉商科大学大学院アドバイザー）
　　主著『家の論理Ⅰ・Ⅱ』文眞堂，1991年
　　　　『管理とは何か』文眞堂，2002年

勝部　伸夫（熊本学園大学教授）
　　主著『コーポレート・ガバナンス論序説──会社支配論からコーポレート・ガバナンス論へ──』文眞堂，2004年
　　　　『企業論　第3版』（共著）有斐閣，2012年

岩田　　浩（摂南大学教授）
　　主要論文「プラグマティズムと経営理論」経営学史学会編『経営学を創り上げた思想』文眞堂，2004年
　　　　「経営理論の実践性とプラグマティズム」経営学史学会編『経営理論と実践』文眞堂，2009年

宗像　正幸（神戸大学名誉教授，大阪成蹊大学名誉教授）
　　主著『技術の理論──現代工業経営問題への技術論的接近──』同文舘出版，1989年
　　　　『現代生産システム論──再構築への新展開──』（編著）ミネルヴァ書房，2000年

橘川　武郎（一橋大学大学院商学研究科教授）
　　主著『日本電力発展のダイナミズム』名古屋大学出版会，2004年
　　　　『電力改革』講談社，2012年

三井　　泉（日本大学教授）
　　主著『社会的ネットワーキング論の源流──M．P．フォレットの思想──』文眞堂，2009年
　　　　『アジア企業の経営理念──生成・伝播・継承のダイナミズム──』（編著）文眞堂，2013年

村田　晴夫（桃山学院大学名誉教授）
　　　主著『管理の哲学――全体と個・その方法と意味――』文眞堂，1984年
　　　　　『情報とシステムの哲学――現代批判の視点――』文眞堂，1990年

澤田　浩二（立命館大学大学院経営学研究科博士課程後期課程）
　　　主要論文「「チャンドラー型企業」の変容と調整メカニズム」『立命館ビジネスジャーナル』Vol. 6，2012年
　　　　　「チャンドラー経営史の展開と企業理論――現代企業の競争優位の源泉をめぐって――」『社会システム研究』第26号，2013年

岡本　丈彦（関西学院大学大学院商学研究科博士課程後期課程）
　　　主要論文「v. ヴェルダーの企業構造論――法的な上位組織（Spitzenorganisation）の分析を中心として――」『関西学院商学研究』第66号，2012年
　　　　　「v. ヴェルダーの組織構造論――トップマネジメントの組織（Leitungsorganisation）の分析を中心として――」『関西学院大学産研論集』第40号，2013年

福本　俊樹（神戸大学大学院経営学研究科博士課程後期課程）
　　　主要論文「組織社会化概念の再定位」『神戸大学大学院経営学研究科大学院生ワーキング・ペーパー』201112a，2011年

経営学史学会年報掲載論文（自由論題）審査規定

1 本審査規定は本学会の年次大会での自由論題報告を条件にした論文原稿を対象とする。
2 編集委員会による形式審査
　原稿が著しく規定に反している場合，編集委員会の責任において却下することができる。
3 査読委員の選定
　査読委員は，原稿の内容から判断して適当と思われる会員2名に地域的バランスも考慮して，編集委員会が委嘱する。なお，大会当日の当該報告のチェアパーソンには査読委員を委嘱しない。また会員に適切な査読委員を得られない場合，会員外に査読委員を委嘱することができる。なお，原稿執筆者と特別な関係にある者（たとえば指導教授，同門生，同僚）には，査読委員を委嘱できない。
　なお，査読委員は執筆者に対して匿名とし，執筆者との対応はすべて編集委員会が行う。
4 編集委員会への査読結果の報告
　査読委員は，論文入手後速やかに査読を行い，その結果を30日以内に所定の「査読結果報告書」に記入し，編集委員会に査読結果を報告しなければならない。なお，報告書における「論文掲載の適否」は，次のように区分する。
①**適**：掲載可とするもの。
②**条件付き適**：条件付きで掲載可とするもの。査読委員のコメントを執筆者に返送し，再検討および修正を要請する。再提出された原稿の修正確認は編集委員会が行う。
③**再査読**：再査読を要するもの。査読委員のコメントを執筆者に返送し，再検討および修正を要請する。再提出された原稿は査読委員が再査読し，判断する。
④**不適**：掲載不可とするもの。ただし，他の1名の評価が上記①〜③の場合，査読委員のコメントを執筆者に返送し，再検討および修正を要請する。再提出された原稿は査読委員が再査読し，判断する。
　なお，再査読後の評価は「適（条件付きの場合も含む）」と「不適」の2つと

する。また，再査読後の評価が「不適」の場合，編集委員会の最終評価は，「掲載可」「掲載不可」の2つとするが，再査読論文に対して若干の修正を条件に「掲載可」とすることもある。その場合の最終判断は編集委員会が行う。
5　原稿の採否
　編集委員会は，査読報告に基づいて，原稿の採否を以下のようなルールに従って決定する。
①査読委員が2名とも「適」の場合は，掲載を可とする。
②査読委員1名が「適」で，他の1名が「条件付き適」の場合は，修正原稿を編集委員会が確認した後，掲載を可とする。
③査読委員1名が「適」で，他の1名が「再査読」の場合は，後者に修正原稿を再査読するよう要請する。その結果が「適（条件付きの場合を含む）」の場合は，編集委員会が確認した後，掲載を可とする。「不適」の場合は，当該査読委員がそのコメントを編集委員会に提出し，編集委員会が最終判断を行う。
④査読委員が2名とも「条件付き適」の場合は，修正原稿を編集委員会が確認した後，掲載を可とする。
⑤査読委員1名が「条件付き適」で，他の1名が「再査読」の場合は，後者に修正原稿を再査読するよう要請する。その結果が「適（条件付きの場合を含む）」の場合は，編集委員会が前者の修正点を含め確認した後，掲載を可とする。「不適」の場合は，当該査読委員がそのコメントを編集委員会に提出し，編集委員会が最終判断を行う。
⑥査読委員が2名とも「再査読」の場合は，両者に修正原稿を再査読するよう要請する。その結果が2名とも「適（条件付きの場合を含む）」の場合は，編集委員会が確認した後，掲載を可とする。1名あるいは2名とも「不適」の場合は，当該査読委員がそのコメントを編集委員会に提出し，編集委員会が最終判断を行う。
⑦査読委員1名が「条件付き適」で，他の1名が「不適」の場合は，後者に修正原稿を再査読するよう要請する。その結果が「適（条件付きの場合を含む）」の場合は，編集委員会が前者の修正点を含め確認した後，掲載を可とする。「不適」の場合は，当該査読委員がそのコメントを編集委員会に提出し，編集委員会が最終判断を行う。
⑧査読委員1名が「再査読」で，他の1名が「不適」の場合は，両者に修正原稿を再査読するよう要請する。その結果が2名とも「適（条件付きの場合を含む）」

の場合は，編集委員会が確認した後，掲載を可とする。1名あるいは2名とも「不適」の場合は，当該査読委員がそのコメントを編集委員会に提出し，編集委員会が最終判断を行う。

⑨査読委員1名が「適」で，他の1名が「不適」の場合は，後者に修正原稿を再査読するよう要請する。その結果が「適（条件付きの場合を含む）」の場合は，編集委員会が確認した後，掲載を可とする。「不適」の場合は，当該査読委員がそのコメントを編集委員会に提出し，編集委員会が最終判断を行う。

⑩査読委員が2名とも「不適」の場合は，掲載を不可とする。

6　執筆者への採否の通知

編集委員会は，原稿の採否，掲載・不掲載の決定を，執筆者に文章で通知する。

経営学史学会
年報編集委員会

委員長 　勝 部 伸 夫（熊本学園大学教授）
委　員 　岩 田 　 浩（摂 南 大 学 教 授）
委　員 　小 笠 原 英 司（明 治 大 学 教 授）
委　員 　海道ノブチカ（関西学院大学教授）
委　員 　風 間 信 隆（明 治 大 学 教 授）
委　員 　髙 橋 公 夫（関東学院大学教授）
委　員 　藤 井 一 弘（青森公立大学教授）
委　員 　山 口 隆 之（関西学院大学教授）

編集後記

　経営学史学会年報第20輯は「経営学の貢献と反省―21世紀を見据えて―」というタイトルのもと，当学会第20回記念全国大会の基調報告論文を含めた統一論題報告論文7本と自由論題報告論文3本で構成されている。

　経営学史学会は1993年の創立から20年という大きな節目となる年を迎え，その記念大会が明治大学を会場に開催された。統一論題のテーマは「経営学の貢献と反省」となっており，「『20世紀経営学』を徹底的に自己省察」し，「『21世紀経営学』への可能性を展望する」ことを目指すものである。このテーマに関して三戸論文は「経営学の学会なればこその問題提起であり，それも経営学史学会なればこそと言いうる」と指摘している。しかし，これは容易ならざるテーマである。本年報にはⅠ企業論，Ⅱ事業論，Ⅲ組織論という3つのサブテーマに基調報告も入れた7本の力稿を掲載している。経営学は何を反省し，どういう学問として歩みを進めようとしているのか。これらの論攷を通じて21世紀の経営学は何を目指すのか考えてみていただきたい。

　ところで，年報掲載論文（自由論題）審査規定が新しくなったので紹介しておきたい。主な変更点は，従来の「条件付き(1)，(2)」を「条件付き適」「再査読」に分けたことと，再査読に関する手順を明確化したことなどである。これによって，スッキリと分かりやすい内容になったのではなかろうか。新規定は理事会での承認を経て，本号に掲載されているので是非ご覧頂きたい。なお，20回大会の自由論題論文はこの新規定に基づき審査を行った。

　それから，せっかくの機会なので，自由論題の審査の流れに関しても少し説明しておきたい。自由論題論文は年次大会で報告された後，①チェアパーソンのコメントをもとに編集委員会による形式審査，②査読委員による審査という2段階の審査を受ける。自由投稿を前提とするレフリー誌のそれとは異なるが，2段階のスクリーニングを経て初めて年報の掲載に至るため，相当に厳しいと言ってよかろう。今大会では9本の自由論題報告があったが，辞退などもあり掲載は3本となっている。若手の研究者に積極的に報告してもらうことを強く望むとともに，本年報がさらに学術的に高いクオリティを維持していけるよう今後とも努力していきたい。

（勝部伸夫　記）

THE ANNUAL BULLETIN

of

The Society for the History of Management Theories

No. 20　　　　　　　　　　　　　　　　　　　　May, 2013

Contributions from and Reflections on the Study of Business Administration : Focusing on the 21st Century

Contents

Preface
　　　　　　　　　　　Eiji OGASAWARA (Meiji University)

I　**Meaning of the Theme**

II　**Contributions from and Reflections on the Study of Business Administration : Focusing on the 21st Century**

　1　Contributions from and Reflections on the Study of Business Administration : Focusing on the twenty-first Century
　　　　　　　　　　　Tadashi MITO (Chiba University of Commerce)

　2　The Development of Theories of the Firm and their Relationship to Management Studies in the 21st Century
　　　　　　　　　　　Nobuo KATSUBE (Kumamoto Gakuen University)

　3　The Trend of Corporate Responsibility and the Future of Civilized Society
　　　　　　　　　　　Hiroshi IWATA (Setsunan University)

　4　One Hundred Years of Discussions on Industrial Business: Contributions, Limitations and Perspective
　　　　　　　　　　　Masayuki MUNAKATA (Kobe University)

5 The Fukushima Nuclear Accident and the Role of Academism

Takeo KIKKAWA (Hitotsubashi University)

6 Narratives of 'Individual vs. Organization' in American Management Thoughts: From *Dichotomy Model* to *Interactive Relationship Perspective*

Izumi MITSUI (Nihon University)

7 Organization and Time in the History of Management Theories : Development of Organization and Satisfaction of Person

Haruo MURATA (Momoyama Gakuin University)

III Other Themes

8 The History of Modern Business Enterprise and Chandler's Theory: Its Present-day's Meanings and Limitations

Koji SAWADA (Ritsumeikan University)

9 v. Werder's Management Organization: A Study from the Viewpoints of the Organizational Theory and Legality

Takehiko OKAMOTO (Kwansei Gakuin University)

10 A New Approach to Organizational Socialization: A Study of Description Style of Self in Organizations

Toshiki FUKUMOTO (Kobe University)

IV Literatures

V Materials

Abstracts

Contributions from and Reflections on the Study of Business Administration: Focusing on the twenty-first Century

Tadashi MITO (Chiba University of Commerce)

At the beginning of the twentieth century, Taylor's Scientific Management was established at monopolistic capitalism society of America.

Since then, after all management theory and technique have developed as the Scientific Management. Its principle is "from conflict to harmony and from experience to science."

And now, in the beginning of the twenty-first century, the free market system has been widely and deeply all over the world. This phenomenon results in transforming the current civilization.

The Development of Theories of the Firm and their Relationship to Management Studies in the 21st Century

Nobuo KATSUBE (Kumamoto Gakuen University)

The purpose of this paper is to trace the development of the theories of the firm in management studies in the 20th century, focusing on the theories of large corporations in US. Traditionally economics (neo-classics) has regarded the business corporation as the private property for stockholders. Meanwhile, in 1930s Berle & Means showed that large corporations had divorced of ownership from control and that managers controlled such firms. They regarded the big business as the social institution. P. F. Drucker also advocated that the modern large corporation was the representative social institution of our society and developed his management theories based upon it. However, the new institutional economics (NIS) has appeared in the later 20th century, and asserted that the firm was a nexus of contracts. Especially agency theory from NIS provided the theoretical basis of the shareholder wealth maximization norm in corporate governance. We try to examine the significance and limit of such recent theories of the firm.

The Trend of Corporate Responsibility and the Future of Civilized Society

Hiroshi IWATA (Setsunan University)

The 20th century civilization based on the spirit of modern science and rationalism was built up by the development of business management, and it brought us the unprecedented material and economic affluence. However, early in the 21st century, it has been led to serious problems, e.g. environmental deterioration, global financial crisis, and widening gap between rich and poor. Under these circumstances, "the turn of civilization" has tended to be explored seriously today. This paper surveys how business organizations have responded to such problems through reflective review of the theoretical development of "Business and Society" mainly constructed from study on corporate social responsibility and business ethics. Also, it suggests the logic of inquiring into the business management style which will be able to overcome the current problematic situations and contribute to the realization of the coming better society.

One Hundred Years of Discussions on Industrial Business: Contributions, Limitations and Perspective

Masayuki MUNAKATA (Kobe University)

In this paper, an overview of the main streams of discussions and studies is presented on industrial business focusing the debates on the "mass production system". From the beginning of the last century to the present, the discussions are grasped in three stages. In the first stage (the birth and formation era of mass production), contributions of Taylor and Ford, in the second stage (the era of diffusion and maturity), those of Drucker, Sloan and Chandler are summarized. In the third stage (the era of transition), the streams of studies and debates mainly concerning the "Industrial Renaissance" and "Beyond Fordism and Mass Production" issues are followed. Finally, some speculations on the contributions and limitations of the discussions as well as the recent trends of study are tried and future perspective of study including the author's reflection based on the experience of "Fukushima" is shown.

The Fukushima Nuclear Accident and the Role of Academism

Takeo KIKKAWA (Hitotsubashi University)

The nuclear accident at Tokyo Electric Power's Fukushima Daiichi Nuclear Power Plant, in the wake of the Great East Japan Earthquake on March 11, 2011 has prompted Japan to fundamentally review its entire energy policy. With the review still ongoing, levels of public interest in the electric power industry and nuclear power reform are at an all-time high. If such a serious accident can occur, then surely Japan's electric power industry and nuclear power policy need to change. At the same time however, merely condemning the government and Tokyo Electric Power (TEPCO) is no way to bring about constructive reform. With that in mind, the aim of this article is to set out a positive direction for the electric power industry and nuclear policy reform.

Narratives of 'Individual vs. Organization' in American Management Thoughts: From *Dichotomy Model* to *Interactive Relationship Perspective*

Izumi MITSUI (Nihon University)

The purpose of this paper is to discuss about the 'Individual vs. Organization' premise in American management thoughts. We consider the 20th century of America is *the era of organization,* and also *the era of management.* The typical human model of this era is 'Organization Man'. There had been lying implicit dichotomy of 'Individual vs. Organization' under management thoughts of the 20th century.

In this paper, we briefly trace the history of management thoughts on the viewpoint of the 'Individual vs. Organization' premise. We recognize we can't describe the reality of today's 'Global Networking Society' by the 20th century's dichotomy model. Finally, we propose to alternative perspective, 'Interactive Relationship,' for the 21st century. This perspective directly focuses on the dynamic process of social interactive relationship.

Organization and Time in the History of Management Theories: Development of Organization and Satisfaction of Person

Haruo MURATA (Momoyama Gakuin University)

The civilization of the 20th century could be regarded as the civilization led by business enterprises. The history of management theories in the past one hundred years would be evaluated as a great contribution to this civilization.

But we know that this civilization has not only the light side but also the shadow side.

Fukushima Nuclear Accident shows a typical example of the shadow side of this civilization.

We should grasp this shadow side of this civilization as the "Fallacy of Misplaced Concreteness," the concept of which was introduced by A. N. Whitehead and cited by C. I. Barnard.

In order to overcome the shadow side we should make efforts to develop hermeneutics of management by introducing the philosophy of organism for the management theories and thoughts in the coming 21st century.

I will discuss about these themes from the point of view of organization and time.

経営学の貢献と反省
──二十一世紀を見据えて──
経営学史学会年報　第20輯

2013年5月17日　第1版第1刷発行　　　　　　　　検印省略

編　者　経営学史学会

発行者　前　野　　　弘

　　　　東京都新宿区早稲田鶴巻町533
発行所　㈱ 文　眞　堂
　　　　電　話　03（3202）8480
　　　　ＦＡＸ　03（3203）2638
　　　　郵便番号（162-0041）振替00120-2-96437

組版・オービット　印刷・平河工業社　製本・イマヰ製本所
© 2013
URL. http://keieigakusi.info/
　　　http://www.bunshin-do.co.jp/
落丁・乱丁本はおとりかえいたします
定価はカバー裏に表示してあります
ISBN978-4-8309-4798-8　C3034

● 好評既刊

経営学の位相 第一輯
● 主要目次
I　課題
　一　経営学の本格化と経営学史研究の重要性　　　山本安次郎
　二　社会科学としての経営学　　　三戸　公
　三　管理思考の呪縛——そこからの解放　　　北野利信
　四　バーナードとヘンダーソン　　　加藤勝康
　五　経営経済学史と科学方法論　　　永田　誠
　六　非合理主義的組織論の展開を巡って　　　稲村　毅
　七　組織情報理論の構築へ向けて　　　小林敏男
II　人と業績
　八　村本福松先生と中西寅雄先生の回想　　　高田　馨
　九　馬場敬治——その業績と人柄　　　雲嶋良雄
　十　北川宗藏教授の「経営経済学」　　　海道　進
　十一　シュマーレンバッハ学説のわが国への導入　　　齊藤隆夫
　十二　回想——経営学研究の歩み　　　大島國雄

経営学の巨人 第二輯
● 主要目次
I　経営学の巨人
　一　H・ニックリッシュ
　　1　現代ドイツの企業体制とニックリッシュ　　　吉田　修
　　2　ナチス期ニックリッシュの経営学　　　田中照純
　　3　ニックリッシュの自由概念と経営思想　　　鈴木辰治
　二　C・I・バーナード
　　4　バーナード理論と有機体の論理　　　村田晴夫
　　5　現代経営学とバーナードの復権　　　庭本佳和
　　6　バーナード理論と現代　　　稲村　毅
　三　K・マルクス
　　7　日本マルクス主義と批判的経営学　　　川端久夫
　　8　旧ソ連型マルクス主義の崩壊と個別資本説の現段階　　　片岡信之
　　9　マルクスと日本経営学　　　篠原三郎

Ⅱ 経営学史論攷
    1 アメリカ経営学史の方法論的考察　　　　　　　　三井　　泉
    2 組織の官僚制と代表民主制　　　　　　　　　　　奥田　幸助
    3 ドイツ重商主義と商業経営論　　　　　　　　　　北村健之助
    4 アメリカにみる「キャリア・マネジメント」理論の動向　西川　清之
Ⅲ 人と業績
    1 藻利重隆先生の卒業論文　　　　　　　　　　　　三戸　　公
    2 日本の経営学研究の過去・現在・未来　　　　　　儀我壮一郎
    3 経営学生成への歴史的回顧　　　　　　　　　　　鈴木　和蔵
Ⅳ 文献

日本の経営学を築いた人びと　第三輯
●主要目次
Ⅰ 日本の経営学を築いた人びと
    一 上田貞次郎──経営学への構想──　　　　　　　小松　　章
    二 増地庸治郎経営理論の一考察　　　　　　　　　　河野　大機
    三 平井泰太郎の個別経済学　　　　　　　　　　　　眞野　　脩
    四 馬場敬治経営学の形成・発展の潮流とその現代的意義　岡本　康雄
    五 古林経営学──人と学説──　　　　　　　　　　門脇　延行
    六 古林教授の経営労務論と経営民主化論　　　　　　奥田　幸助
    七 馬場克三──五段階説、個別資本説そして経営学──　三戸　　公
    八 馬場克三・個別資本の意識性論の遺したもの　　　川端　久夫
        ──個別資本説と近代管理学の接点──
    九 山本安次郎博士の「本格的経営学」の主張をめぐって　加藤　勝康
        ──Kuhnian Paradigmとしての「山本経営学」──
    十 山本経営学の学史的意義とその発展の可能性　　　谷口　照三
    十一 高宮　晋─経営組織の経営学的論究　　　　　　鎌田　伸一
    十二 山城経営学の構図　　　　　　　　　　　　　　森本　三男
    十三 市原季一博士の経営学説──ニックリッシュとともに──　増田　正勝
    十四 占部経営学の学説史的特徴とバックボーン　　　金井　壽宏
    十五 渡辺銕蔵論──経営学史の一面──　　　　　　高橋　俊夫
    十六 生物学的経営学説の生成と展開　　　　　　　　裴　　富吉
        ──暉峻義等の労働科学：経営労務論の一源流──
Ⅱ 文献

アメリカ経営学の潮流　第四輯

● 主要目次

I　アメリカ経営学の潮流

　一　ポスト・コンティンジェンシー理論──回顧と展望── 野中郁次郎
　二　組織エコロジー論の軌跡 村上伸一
　　　──一九八〇年代の第一世代の中核論理と効率に関する議論
　　　　の検討を中心にして──
　三　ドラッカー経営理論の体系化への試み 河野大機
　四　H・A・サイモン──その思想と経営学── 稲葉元吉
　五　バーナード経営学の構想 眞野脩
　六　プロセス・スクールからバーナード理論への接近 辻村宏和
　七　人間関係論とバーナード理論の結節点 吉原正彦
　　　──バーナードとキャボットの交流を中心として──
　八　エルトン・メイヨーの管理思想再考 原田實
　九　レスリスバーガーの基本的スタンス 杉山三七男
　十　F・W・テイラーの管理思想 中川誠士
　　　──ハーバード経営大学院における講義を中心として──
　十一　経営の行政と統治 北野利信
　十二　アメリカ経営学の一一〇年──社会性認識をめぐって── 中村瑞穂

II　文献

経営学研究のフロンティア　第五輯

● 主要目次

I　日本の経営者の経営思想

　一　日本の経営者の経営思想 清水龍瑩
　　　──情報化・グローバル化時代の経営者の考え方──
　二　日本企業の経営理念にかんする断想 森川英正
　三　日本型経営の変貌──経営者の思想の変遷── 川上哲郎

II　欧米経営学研究のフロンティア

　四　アメリカにおけるバーナード研究のフロンティア 高橋公夫
　　　──William, G. Scott の所説を中心として──
　五　フランスにおける商学・経営学教育の成立と展開 日高定昭
　　　（一八一九年──一九五六年）
　六　イギリス組織行動論の一断面 幸田浩文

　　　　――経験的調査研究の展開をめぐって――
　七　ニックリッシュ経営学変容の新解明　　　　　　　森　　哲　彦
　八　E・グーテンベルク経営経済学の現代的意義　　　髙　橋　由　明
　　　　――経営タイプ論とトップ・マネジメント論に焦点を合わせて――
　九　シュマーレンバッハ「共同経済的生産性」概念の再構築　永　田　　誠
　十　現代ドイツ企業体制論の展開　　　　　　　　　　海道ノブチカ
　　　　――R・-B・シュミットとシュミーレヴィッチを中心として――
Ⅲ　現代経営・組織研究のフロンティア
　十一　企業支配論の新視角を求めて　　　　　　　　　片　岡　　進
　　　　――内部昇進型経営者の再評価、資本と情報の同時追究、
　　　　　　自己組織論の部分的導入――
　十二　自己組織化・オートポイエーシスと企業組織論　長　岡　克　行
　十三　自己組織化現象と新制度派経済学の組織論　　　丹　沢　安　治
Ⅳ　文献

経営理論の変遷　第六輯
●主要目次
Ⅰ　経営学史研究の意義と課題
　一　経営学史研究の目的と意義　　　　　　　　　ウィリアム・G・スコット
　二　経営学史の構想における一つの試み　　　　　　加　藤　勝　康
　三　経営学の理論的再生運動　　　　　　　　　　　鈴　木　幸　毅
Ⅱ　経営理論の変遷と意義
　四　マネジメント・プロセス・スクールの変遷と意義　二　村　敏　子
　五　組織論の潮流と基本概念　　　　　　　　　　　岡　本　康　雄
　　　　――組織的意思決定論の成果をふまえて――
　六　経営戦略の意味　　　　　　　　　　　　　　　加護野　忠　男
　七　状況適合理論（Contingency Theory）　　　　　　岸　田　民　樹
Ⅲ　現代経営学の諸相
　八　アメリカ経営学とヴェブレニアン・インスティテュー
　　　ショナリズム　　　　　　　　　　　　　　　　今　井　清　文
　九　組織論と新制度派経済学　　　　　　　　　　　福　永　文美夫
　十　企業間関係理論の研究視点　　　　　　　　　　山　口　隆　之
　　　　――「取引費用」理論と「退出／発言」理論の比較を通じて――
　十一　ドラッカー社会思想の系譜　　　　　　　　　島　田　　恒
　　　　――「産業社会」の構想と挫折、「多元社会」への展開――

十二	バーナード理論のわが国への適用と限界	大平義隆
十三	非合理主義的概念の有効性に関する一考察	前田東岐
	——ミンツバーグのマネジメント論を中心に——	
十四	オートポイエシス——経営学の展開におけるその意義——	藤井一弘
十五	組織文化の組織行動に及ぼす影響について	間嶋崇
	——E・H・シャインの所論を中心に——	

Ⅳ　文　献

経営学百年——鳥瞰と未来展望——　第七輯
● 主要目次

Ⅰ　経営学百年——鳥瞰と未来展望——

一	経営学の主流と本流——経営学百年、鳥瞰と課題——	三戸公
二	経営学における学の世界性と経営学史研究の意味	村田晴夫
	——「経営学百年——鳥瞰と未来展望」に寄せて	
三	マネジメント史の新世紀	ダニエル・A・レン

Ⅱ　経営学の諸問題——鳥瞰と未来展望——

四	経営学の構想——経営学の研究対象・問題領域・考察方法——	万仲脩一
五	ドイツ経営学の方法論吟味	清水敏允
六	経営学における人間問題の理論的変遷と未来展望	村田和彦
七	経営学における技術問題の理論的変遷と未来展望	宗像正幸
八	経営学における情報問題の理論的変遷と未来展望	伊藤淳巳・下﨑千代子
	——経営と情報——	
九	経営学における倫理・責任問題の理論的変遷と未来展望	西岡健夫
十	経営の国際化問題について	赤羽新太郎
十一	日本的経営論の変遷と未来展望	林正樹
十二	管理者活動研究の理論的変遷と未来展望	川端久夫

Ⅲ　経営学の諸相

十三	M・P・フォレット管理思想の基礎	杉田博
	——ドイツ観念論哲学における相互承認論との関連を中心に——	
十四	科学的管理思想の現代的意義	藤沼司
	——知識社会におけるバーナード理論の可能性を求めて——	
十五	経営倫理学の拡充に向けて	岩田浩
	——デューイとバーナードが示唆する重要な視点——	
十六	H・A・サイモンの組織論と利他主義モデルを巡って	髙巖
	——企業倫理と社会選択メカニズムに関する提言——	

十七	組織現象における複雑性	阿辻茂夫
十八	企業支配論の一考察	坂本雅則
	——既存理論の統一的把握への試み——	

Ⅳ 文献

組織管理研究の百年 第八輯

● 主要目次

Ⅰ 経営学百年——組織・管理研究の方法と課題——

一	経営学研究における方法論的反省の必要性	佐々木恒男
二	比較経営研究の方法と課題	愼 侑根
	——東アジア的企業経営システムの構想を中心として——	
三	経営学の類別と展望——経験と科学をキーワードとして——	原澤芳太郎
四	管理論・組織論における合理性と人間性	池内秀己
五	アメリカ経営学における「プラグマティズム」と「論理実証主義」	三井 泉
六	組織変革とポストモダン	今田高俊
七	複雑適応系——第三世代システム論——	河合忠彦
八	システムと複雑性	西山賢一

Ⅱ 経営学の諸問題

九	組織の専門化に関する組織論的考察	吉成 亮
	——プロフェッショナルとクライアント——	
十	オーソリティ論における職能説	高見精一郎
	——高宮晋とM・P・フォレット——	
十一	組織文化論再考——解釈主義的文化論へ向けて——	四本雅人
十二	アメリカ企業社会とスピリチュアリティー	村山元理
十三	自由競争を前提にした市場経済原理にもとづく経営学の功罪——経営資源所有の視点から——	海老澤栄一
十四	組織研究のあり方	大月博司
	——機能主義的分析と解釈主義的分析——	
十五	ドイツの戦略的管理論研究の特徴と意義	加治敏雄
十六	企業に対する社会的要請の変化	小山嚴也
	——社会的責任論の変遷を手がかりにして——	
十七	E・デュルケイムと現代経営学	齋藤貞之

Ⅲ 文献

IT革命と経営理論　第九輯

● 主要目次

I　テイラーからITへ──経営理論の発展か、転換か──
　一　序説　テイラーからITへ──経営理論の発展か転換か── 稲葉元吉
　二　科学的管理の内包と外延──IT革命の位置── 三戸　公
　三　テイラーとIT──断絶か連続か── 篠崎恒夫
　四　情報化と協働構造 國領二郎
　五　経営情報システムの過去・現在・未来 島田達巳
　　　──情報技術革命がもたらすもの──
　六　情報技術革命と経営および経営学 庭本佳和
　　　──島田達巳「経営情報システムの過去・現在・未来」をめぐって──

II　論攷
　七　クラウゼウィッツのマネジメント論における理論と実践 鎌田伸一
　八　シュナイダー企業者職能論 関野　賢
　九　バーナードにおける組織の定義について 坂本光男
　　　──飯野－加藤論争に関わらせて──
　十　バーナード理論と企業経営の発展 高橋公夫
　　　──原理論・類型論・段階論──
　十一　組織論における目的概念の変遷と展望 西本直人
　　　　──ウェーバーからCMSまで──
　十二　ポストモダニズムと組織論 高橋正泰
　十三　経営組織における正義 宮本俊昭
　十四　企業統治における法的責任の研究 境　新一
　　　　──経営と法律の複眼的視点から──
　十五　企業統治における正当性問題 渡辺英二

III　文献

現代経営と経営学史の挑戦
── グローバル化・地球環境・組織と個人 ── 第十輯

● 主要目次

I　現代経営の課題と経営学史研究
　一　現代経営の課題と経営学史研究の役割―展望 小笠原英司
　二　マネジメントのグローバルな移転 岡田和秀
　　　──マネジメント・学説・背景──

三　グローバリゼーションと文化　　　　　　　　　　　　髙　橋　由　明
　　　　──経営管理方式国際移転の社会的意味──
　四　現代経営と地球環境問題──経営学史の視点から──　庭　本　佳　和
　五　組織と個人の統合　　　　　　　　　　　　　　　　太　田　　肇
　　　　──ポスト新人間関係学派のモデルを求めて──
　六　日本的経営の一検討──その毀誉褒貶をたどる──　　赤　岡　　功
Ⅱ　創立十周年記念講演
　七　経営学史の課題　　　　　　　　　　　　　　　　　阿　部　謹　也
　八　経営学教育における企業倫理の領域　　　　　　E・M・エプスタイン
　　　　──過去・現在・未来
Ⅲ　論　攷
　九　バーナード組織概念の一詮議　　　　　　　　　　　川　端　久　夫
　十　道徳と能力のシステム──バーナードの人間観再考──　磯　村　和　人
　十一　バーナードにおける過程性と物語性　　　　　　　小　濱　　純
　　　　──人間観からの考察
　十二　経営学における利害関係者研究の生成と発展　　　水　村　典　弘
　　　　──フリーマン学説の検討を中心として──
　十三　現代経営の底流と課題──組織知の創造を超えて──　藤　沼　　司
　十四　個人行為と組織文化の相互影響関係に関する一考察　間　嶋　　崇
　　　　──A・ギデンズの構造化論をベースとした組織論の考察をヒントに──
　十五　組織論における制度理論の展開　　　　　　　　　岩　橋　建　治
　十六　リーダーシップと組織変革　　　　　　　　　　　吉　村　泰　志
　十七　ブライヒャー統合的企業管理論の基本思考　　　　山　縣　正　幸
　十八　エーレンベルク私経済学の再検討　　　　　　　　梶　脇　裕　二
Ⅳ　文　献

経営学を創り上げた思想　第十一輯
●主要目次
Ⅰ　経営理論における思想的基盤
　一　経営学における実践原理・価値規準について　　　　仲　田　正　機
　　　　──アメリカ経営管理論を中心として──
　二　プラグマティズムと経営理論　　　　　　　　　　　岩　田　　浩
　　　　──チャールズ・S・パースの思想からの洞察──
　三　プロテスタンティズムと経営思想　　　　　　　　　三　井　　泉
　　　　──クウェーカー派を中心として──

- 四　シュマーレンバッハの思想的・実践的基盤　　　　　　平 田 光 弘
- 五　ドイツ経営経済学・経営社会学と社会的カトリシズム　増 田 正 勝
- 六　上野陽一の能率道　　　　　　　　　　　　　　　　齊 藤 毅 憲
- 七　日本的経営の思想的基盤——経営史的な考究——　　由 井 常 彦

Ⅱ　特別講演
- 八　私の経営理念　　　　　　　　　　　　　　　　　　辻　　　　理

Ⅲ　論　攷
- 九　ミッションに基づく経営——非営利組織の事業戦略基盤——　島 田 　 恒
- 十　価値重視の経営哲学　　　　　　　　　　　　　　　村 山 元 理
  　　——スピリチュアリティの探求を学史的に照射して——
- 十一　企業統治における内部告発の意義と問題点　　　　境 　 新 一
  　　　——経営と法律の視点から——
- 十二　プロセスとしてのコーポレート・ガバナンス　　　生 田 泰 亮
  　　　——ガバナンス研究に求められるもの——
- 十三　「経営者の社会的責任」論とシュタインマンの企業倫理論　高 見 直 樹
- 十四　ヴェブレンとドラッカー——企業・マネジメント・社会——　春 日 　 賢
- 十五　調整の概念の学史的研究と現代的課題　　　　　　松 田 昌 人
- 十六　HRO研究の革新性と可能性　　　　　　　　　　　西 本 直 人
- 十七　「ハリウッド・モデル」とギルド　　　　　　　　國 島 弘 行

Ⅳ　文　献

ガバナンスと政策——経営学の理論と実践——　第十二輯

● 主要目次

Ⅰ　ガバナンスと政策
- 一　ガバナンスと政策　　　　　　　　　　　　　　　　片 岡 信 之
- 二　アメリカにおける企業支配論と企業統治論　　　　　佐久間 信 夫
- 三　フランス企業統治　　　　　　　　　　　　　　　　築 場 保 行
  　　——経営参加、取締役会改革と企業法改革——
- 四　韓国のコーポレート・ガバナンス改革とその課題　　勝 部 伸 夫
- 五　私の経営観　　　　　　　　　　　　　　　　　　　岩 宮 陽 子
- 六　非営利組織における運営の公正さをどう保つのか　　荻 野 博 司
  　　——日本コーポレート・ガバナンス・フォーラム十年の経験から——
- 七　行政組織におけるガバナンスと政策　　　　　　　　石 阪 丈 一

Ⅱ　論　攷
- 八　コーポレート・ガバナンス政策としての時価主義会計　菊 澤 研 宗

──M・ジェンセンのエージェンシー理論とF・シュミットのインフレ会計学説の応用──
　九　組織コントロールの変容とそのロジック　　　　　大　月　博　司
　十　組織間関係の進化に関する研究の展開　　　　　　小　橋　　　勉
　　　　──レベルとアプローチの視点から──
　十一　アクター・ネットワーク理論の組織論的可能性　　髙　木　俊　雄
　　　　──異種混交ネットワークのダイナミズム──
　十二　ドイツにおける企業統治と銀行の役割　　　　　　松　田　　　健
　十三　ドイツ企業におけるコントローリングの展開　　　小　澤　優　子
　十四　M・P・フォレット管理思想の基礎　　　　　　　杉　田　　　博
　　　　──W・ジェームズとの関連を中心に──
Ⅲ　文　献

企業モデルの多様化と経営理論　第十三輯
　　──二十一世紀を展望して──

● 主要目次
Ⅰ　企業モデルの多様化と経営理論
　一　経営学史研究の新展開　　　　　　　　　　　　　　佐々木　恒　男
　二　アメリカ経営学の展開と組織モデル　　　　　　　　岸　田　民　樹
　三　二十一世紀の企業モデルと経営理論──米国を中心に──　角　野　信　夫
　四　EU企業モデルと経営理論　　　　　　　　　　　　万　仲　脩　一
　五　EUにおける労働市場改革と労使関係　　　　　　　久　保　広　正
　六　アジア─中国企業モデルと経営理論　　　　　　　　金　山　　　権
　七　シャリーア・コンプライアンスと経営　　　　　　　櫻　井　秀　子
　　　　──イスラームにおける経営の原則──

Ⅱ　論　攷
　八　経営学と社会ダーウィニズム　　　　　　　　　　　福　永　文美夫
　　　　──テイラーとバーナードの思想的背景──
　九　個人と組織の不調和の克服を目指して　　　　　　　平　澤　　　哲
　　　　──アージリス前期学説の体系とその意義──
　十　経営戦略論の新展開における「レント」概念
　　　の意義について　　　　　　　　　　　　　　　　　石　川　伊　吹
　十一　経営における意思決定と議論合理性　　　　　　　宮　田　将　吾
　　　　──合理性測定のコンセプト──

十二	ステークホルダー型企業モデルの構造と機能	水村 典弘
	──ステークホルダー論者の論法とその思想傾向──	
十三	支援組織のマネジメント──信頼構築に向けて──	狩俣 正雄

Ⅲ 文献

経営学の現在──ガバナンス論、組織論・戦略論── 第十四輯

● 主要目次

Ⅰ 経営学の現在

一	「経営学の現在」を問う	勝部 伸夫
	──コーポレート・ガバナンス論と管理論・組織論──	
二	株式会社を問う──「団体」の概念──	中條 秀治
三	日本の経営システムとコーポレート・ガバナンス	菊池 敏夫
	──その課題、方向、および条件の検討──	
四	ストックホルダー・ガバナンス 対 ステイクホルダー・ガバナンス	菊澤 研宗
	──状況依存的ステイクホルダー・ガバナンスへの収束──	
五	経営学の現在──自己組織・情報世界を問う──	三戸 公
六	経営学史の研究方法	吉原 正彦
	──「人間協働の科学」の形成を中心として──	
七	アメリカの経営戦略と日本企業の実証研究	沼上 幹
	──リソース・ベースト・ビューを巡る相互作用──	
八	経営戦略研究の新たな視座	庭本 佳和
	──沼上報告「アメリカの経営戦略論（ＲＢＶ）と日本企業の実証的研究」をめぐって──	

Ⅱ 論攷

九	スイッチングによる二重性の克服	渡辺 伊津子
	──品質モデルをてがかりにして──	
十	組織認識論と資源依存モデルの関係	佐々木 秀徳
	──環境概念、組織観を手掛かりとして──	
十一	組織学習論における統合の可能性	伊藤 なつこ
	──マーチ＆オルセンの組織学習サイクルを中心に──	
十二	戦略論研究の展開と課題	宇田川 元一
	──現代戦略論研究への学説史的考察から──	
十三	コーポレート・レピュテーションによる持続的競争優位	加賀田 和弘
	──資源ベースの経営戦略の観点から──	
十四	人間操縦と管理論	山下 剛

十五	リーダーシップ研究の視点	薄羽哲哉
	——リーダー主体からフォロワー主体へ——	
十六	チャールズ・バベッジの経営思想	村田和博
十七	非営利事業体ガバナンスの意義と課題について	松本典子
	——ワーカーズ・コレクティブ調査を踏まえて——	
十八	EUと日本におけるコーポレート・ガバナンス・コデックスの比較	ラルフ・ビーブンロット

Ⅲ 文　献

現代経営学の新潮流——方法、CSR・HRM・NPO—— 第十五輯

●主要目次

Ⅰ 経営学の方法と現代経営学の諸問題

一	経営学の方法と現代経営学の諸問題	小笠原英司
二	組織研究の方法と基本仮定——経営学との関連で——	坂下昭宣
三	経営研究の多様性とレレヴァンス問題	長岡克行
	——英語圏における議論の検討——	
四	経営学と経営者の育成	辻村宏和
五	わが国におけるCSRの動向と政策課題	谷本寛治
六	ワーク・ライフ・バランスとHRM研究の新パラダイム	渡辺峻
	——「社会化した自己実現人」と「社会化した人材マネジメント」——	
七	ドラッカー学説の軌跡とNPO経営学の可能性	島田恒

Ⅱ 論 攷

八	バーナード組織概念の再詮議	川端久夫
九	高田保馬の勢力論と組織	林徹
十	組織論と批判的実在論	鎌田伸一
十一	組織間関係論における埋め込みアプローチの検討	小橋勉
	——その射程と課題——	
十二	実践重視の経営戦略論	吉成亮
十三	プロジェクトチームのリーダーシップ	平井信義
	——橋渡し機能を中心として——	
十四	医療における公益性とメディカル・ガバナンス	小島愛
十五	コーポレート・ガバナンス論におけるExit・Voice・Loyaltyモデルの可能性	石嶋芳臣
十六	企業戦略としてのCSR	矢口義教
	——イギリス石油産業の事例から——	

Ⅲ　文　献

経営理論と実践　第十六輯
● 主要目次
Ⅰ　趣旨説明──経営理論と実践　　　　　　　　　　　　　　　第五期運営委員会
Ⅱ　経営理論と実践
　一　ドイツ経営学とアメリカ経営学における理論と実践　　　　高　橋　由　明
　二　経営理論の実践性とプラグマティズム　　　　　　　　　　岩　田　　　浩
　　　──ジョン・デューイの思想を通して──
　三　ドイツの経営理論で、世界で共通に使えるもの　　　　　　小　山　明　宏
　四　現代CSRの基本的性格と批判経営学研究の課題・方法　　　百　田　義　治
　五　経営"共育"への道　　　　　　　　　　　　　　　　　　齊　藤　毅　憲
　　　──ゼミナール活動の軌跡から──
　六　経営学の研究者になるということ　　　　　　　　　　　　上　林　憲　雄
　　　──経営学研究者養成の現状と課題──
　七　日本におけるビジネススクールの展開と二十一世紀への展望　高　橋　文　郎
　　　　　　　　　　　　　　　　　　　　　　　　　　　　　　中　西　正　雄
　　　　　　　　　　　　　　　　　　　　　　　　　　　　　　高　橋　宏　幸
　　　　　　　　　　　　　　　　　　　　　　　　　　　　　　丹　沢　安　治
Ⅲ　論　攷
　八　チーム医療の必要性に関する試論　　　　　　　　　　　　渡　邉　弥　生
　　　──「実践コミュニティ論」の視点をもとにして──
　九　OD（組織開発）の歴史的整理と展望　　　　　　　　　　西　川　耕　平
　十　片岡説と構造的支配－権力パラダイムとの接点　　　　　　坂　本　雅　則
Ⅳ　文　献

経営学の展開と組織概念　第十七輯
● 主要目次
Ⅰ　趣旨説明──経営理論と組織概念　　　　　　　　　　　　　第六期運営委員会
Ⅱ　経営理論と組織概念
　一　経営理論における組織概念の生成と展開　　　　　　　　　庭　本　佳　和
　二　ドイツ経営組織論の潮流と二つの組織概念　　　　　　　　丹　沢　安　治
　三　ヴェーバー官僚制論再考　　　　　　　　　　　　　　　　小　阪　隆　秀
　　　──ポスト官僚制組織概念と組織人の自由──

四	組織の概念——アメリカにおける学史的変遷——	中條　秀治
五	実証的戦略研究の組織観	沼上　幹
	——日本企業の実証研究を中心として——	
六	ステークホルダー論の組織観	藤井　一弘
七	組織学習論の組織観の変遷と展望	安藤　史江

III　論　攷

八	「組織と組織成員の関係」概念の変遷と課題	聞間　理
九	制度的企業家のディスコース	松嶋　登
十	キャリア開発における動機づけの有効性	チン・トウイ・フン
	——デシの内発的動機づけ理論の検討を中心に——	
十一	一九九〇年代以降のドイツ経営経済学の新たな展開	清水　一之
	——ピコーの所説に依拠して——	
十二	ドイツ経営管理論におけるシステム・アプローチの展開	柴田　明
	——ザンクト・ガレン学派とミュンヘン学派の議論から——	
十三	フランス中小企業研究の潮流	山口　隆之
	——管理学的中小企業研究の発展——	

IV　文　献

危機の時代の経営と経営学　第十八輯

●主要目次

I　趣旨説明——危機の時代の経営および経営学　　第六期運営委員会

II　危機の時代の経営と経営学

一	危機の時代の経営と経営学	高橋　由明
	——経済・産業政策と経営学史から学ぶ——	
二	両大戦間の危機とドイツ経営学	海道ノブチカ
三	世界恐慌とアメリカ経営学	丸山　祐一
四	社会的市場経済体制とドイツ経営経済学の展開	風間　信隆
	——市場性・経済性志向と社会性・人間性志向との間の揺らぎ——	
五	戦後日本企業の競争力と日本の経営学	林　正樹
六	グローバル時代における経営学批判原理の複合	高橋　公夫
	——「断絶の時代」を超えて——	
七	危機の時代と経営学の再展開——現代経営学の課題	片岡　信之

III　論　攷

| 八 | 行動理論的経営学から神経科学的経営学へ | 梶脇　裕二 |
| | ——シャンツ理論の新たな展開—— | |

九	経営税務論と企業者職能——投資決定に関する考察——	関野　　賢
十	ドイツ経営経済学の発展と企業倫理の展開	山口尚美
	——シュタインマン学派の企業倫理学を中心として——	

Ⅳ　文　献

経営学の思想と方法　第十九輯

●主要目次

Ⅰ　趣旨説明——経営学の思想と方法　　　　　　　　　　　　　　　第6期運営委員会
Ⅱ　経営学の思想と方法
　　1　経営学の思想と方法　　　　　　　　　　　　　　　　　　　　吉原正彦
　　2　経営学が構築してきた経営の世界　　　　　　　　　　　　　　上林憲雄
　　　　——社会科学としての経営学とその危機——
　　3　現代経営学の思想的諸相　　　　　　　　　　　　　　　　　　稲村　毅
　　　　——モダンとポストモダンの視点から——
　　4　科学と哲学の綜合学としての経営学　　　　　　　　　　　　　菊澤研宗
　　5　行為哲学としての経営学の方法　　　　　　　　　　　　　　　庭本佳和
Ⅲ　論　攷
　　6　日本における経営学の思想と方法　　　　　　　　　　　　　　三戸　公
　　7　組織の自律性と秩序形成の原理　　　　　　　　　　　　　　　髙木孝紀
　　8　HRM研究における研究成果の有用性を巡る一考察　　　　　　櫻井雅充
　　　　——プラグマティズムの真理観を手掛かりにして——
　　9　起業を成功させるための起業環境分析　　　　　　　　　　　　大久保康彦
　　　　——モデルの構築と事例研究——
　　10　「実践の科学」としての経営学　　　　　　　　　　　　　　　桑田耕太郎
　　　　——バーナードとサイモンの対比を通じて——
　　11　アクション・サイエンスの発展とその意義　　　　　　　　　　平澤　哲
　　　　——経営現象の予測・解釈・批判を超えて——
　　12　マズローの思想と方法　　　　　　　　　　　　　　　　　　　山下　剛
Ⅳ　文　献